"机关事务管理与法治政府论丛"编辑委员会

主　任　李宝荣

副主任　赵峰涛　吴志攀

委　员　（以姓氏笔画为序）：

丁　煌　王永红　王仰麟　王浦劬　王　德

孙丽霞　杨有青　吴正合　张　翼　陈佳资

范学臣　和培林　周志忍　郑　峰　赵建国

姜晓萍　徐　进　徐永胜　高鹏程　陶雪良

彭宗超　鲍　静　解亚红　燕继荣　薛　澜

Research on the Government Offices Administration

机关事务管理研究

张翼 陶雪良 主编
余少祥 副主编

图书在版编目(CIP)数据

机关事务管理研究/张翼,陶雪良主编. —北京:北京大学出版社,2020.10
ISBN 978-7-301-31774-7

Ⅰ.①机… Ⅱ.①张… ②陶… Ⅲ.①国家行政机关—行政管理—研究—中国 Ⅳ.①D630.1

中国版本图书馆 CIP 数据核字(2020)第 202345 号

书　　　名	机关事务管理研究 JIGUAN SHIWU GUANLI YANJIU
著作责任者	张　翼　陶雪良　主编
责 任 编 辑	毕苗苗
标 准 书 号	ISBN 978-7-301-31774-7
出 版 发 行	北京大学出版社
地　　　址	北京市海淀区成府路 205 号　100871
网　　　址	http://www.pup.cn
电 子 信 箱	law@pup.pku.edu.cn
新 浪 微 博	@北京大学出版社　@北大出版社法律图书
电　　　话	邮购部 010-62752015　发行部 010-52750672　编辑部 010-62752027
印 刷 者	北京虎彩文化传播有限公司
经 销 者	新华书店
	730 毫米×980 毫米　16 开本　14.75 印张　191 千字 2020 年 10 月第 1 版　2022 年 7 月第 3 次印刷
定　　　价	58.00 元

未经许可,不得以任何方式复制或抄袭本书之部分或全部内容。
版权所有,侵权必究
举报电话: 010-62752024　电子信箱: fd@pup.pku.edu.cn
图书如有印装质量问题,请与出版部联系,电话: 010-62755370

本书作者

主　编　张　翼　陶雪良
副主编　余少祥
主要编写人员（以姓氏笔画为序）
　　马　峰　戈艳霞　王　磊　江玉荣
　　孙兆阳　刘海霞　李　硕　汪　雁
　　陈松林　陆赢祺　荣　颖　徐博峰
　　诸　悦　鲍轶欣

总　　序

党的十九届四中全会对坚持和完善中国特色社会主义制度、推进国家治理体系和治理能力现代化作出全面部署。全会审议通过的《中共中央关于坚持和完善中国特色社会主义制度 推进国家治理体系和治理能力现代化若干重大问题的决定》（以下简称《决定》），全面回答了在我国国家制度和国家治理体系上应该坚持和巩固什么、完善和发展什么这个重大政治问题。习近平总书记在党的十九届四中全会上的重要讲话，深刻阐述了坚定制度自信的一系列方向性、根本性、全局性问题，从坚持和巩固、完善和发展、遵守和执行三个方面，对学习贯彻党的十九届四中全会精神提出了明确要求。机关事务工作为机关运转和政务运行提供资金、资产、资源和服务保障，是国家治理体系的有机组成部分。深入领悟《决定》和习近平总书记的重要讲话精神，为我们推进机关事务治理现代化，更好地在推进国家治理体系和治理能力现代化中发挥职能作用指明了方向、提供了遵循标准。为此，要深入学习贯彻党的十九届四中全会精神，牢固树立治理思维、治理理念，把机关事务工作放在国家治理的高度去认识、去定位、去谋划，立足于服务党和国家中心工作，着力提升机关事务保障和管理效能，为党政机关高效运转、提高施政水平提供有力保障。

一、始终坚持以政治建设为统领

机关事务工作服务党和国家中心工作，保障党政机关运转，因此必须始终旗帜鲜明讲政治，加强党的政治建设。近年来，国家机关事务管理局（以下简称国管局）党组牢牢把握政治机关这一根本属性，坚持以习近平新时代中国特色社会主义思想为指导，坚持和加强党的全面领导，制定局党组《关于加强政治建设 严格落实中央八项规定精神的具体措施》《关于加强政治建设 创建"模范机关"的实施措施》，并抓好贯彻实施，引导干部职工增强"四个意识"，坚定"四个自信"，做到"两个维护"。坚决落实党中央的各项决策部署，组织开展了党政机关停止新建楼堂馆所和办公用房清理、公务用车制度改革、驻京（省会城市）办事机构清理规范等重点改革和专项工作，牵头起草党政机关国内公务接待、公务用车和办公用房等管理制度，着力遏制舌尖上的浪费、车轮上的腐败、会所中的歪风，在促进党风政风转变、加强机关自身建设方面发挥积极作用。

做好机关事务管理部门党的建设工作，必须深入贯彻落实习近平总书记在中央和国家机关党的建设工作会议上的重要讲话精神和党中央《关于加强和改进中央和国家机关党的建设的意见》，以政治建设为统领，狠抓责任担当、工作落实和制度执行，做好"三个表率"，建设模范机关。始终坚定自觉做到"两个维护"。把"两个维护"作为党的政治建设的首要任务，在思想上政治上行动上同以习近平同志为核心的党中央保持高度一致，强化政治机关意识教育，持续深入学习贯彻习近平新时代中国特色社会主义思想，转化为指导推进机关事务工作的思路举措，推动理论武装向广度深度拓展，切实把"两个维护"体现在行动上、落实到工作中。始终坚决贯彻落实习近平总书记重要指示批示和党中央决策部署，在推动全面从严治党向纵深发展、贯彻中央八项规定及其实施细则精神、推进党政机关厉行节约反对浪费等方面主动担当、积极作为，抓实抓好深化党和国家机构改革办公用房保障、中央国家机关老旧小区综合整治等专项工作，确保党中央决策部署落实落细、见行见效。始终坚持把不忘初心、牢记使命作为加强党的建设的永恒课题和党员干部的终身课题，形成长效机制，大力践行忠诚、为民、务实、奉献、创新、效能、节约、廉洁等党的初心使命对机关事务工作的具体要求，巩固深化主题教育成果。

二、着力加强集中统一管理

党的十九届四中全会提出，要完善国家行政体制，推进国家机构职能优化协同高效。机关事务管理体制，其实质是机关运行保障资源的管理模式和配置方式，直接反映了机关事务治理能力和水平，对提升保障和管理效能有着决定性作用。

改革开放以来，机关事务管理部门积极履职担当、开拓进取，**围绕中心和大局**，着力推进机关后勤体制改革、办公用房管理体制改革等重点改革项目，特别是党的十八大以来，承担了停止新建楼堂馆所、办公用房清理等一系列中央交办的重点工作和专项任务，逐步建立起了适应社会主义市场经济要求的管理体制和运行机制，在保障党和国家中心工作中体现站位、履职尽责、发挥作用。**聚焦服务保障**，坚持"质量第一、效益优先"，不断夯实工作基础、理顺体制机制、改进方式手段，推动开放机关后勤服务市场，引入先进理念，转变服务方式，优化经营结构，着力保障各级党政机关规范高效运行，保障干部职工基本工作生活需要。**统筹行业建设**，牢固树立全国机关事务系统"一盘棋"思想，构建更为顺畅的沟通协调机制和工作指导关系。经过本轮机构改革，31个省（自治区、直辖市）和新疆生产建设兵团设立了机关事务管理部门，29个省（自治区、直辖市）通过机构整合、职能优化，初步实现了机关事务集中统一管理。实践证明，以市场化、社会化为基础，对机关运行保障实行集中统一管理，统筹资源、统一调度、集约使用、高效处置，能够有效降低行政成本，提升效率效能。

在深化党和国家机构改革过程中，按照中央要求，退役军人事务部等新组建部门不再设立单独的后勤服务机构，由国管局统一提供后勤保障。我们认真落实中央决策部署，创新新组建部门后勤保障模式，按照统一项目、统一标准、经费归口、资源共享的原则，为部门提供4大类16项后勤服务，有力保障了部门平稳有序运行。习近平总书记等中央领导同志对此充分肯定，指出这种模式既精简了机构人员、节约了行政资源，又规范了服务类型、提高了工作效能，是后勤体制改革的方向，要坚定不移推动集中统一管理。下一步，中央和国家机关事务管理改革，将坚持以习近平新时代中国特色社会主义思想为指导，站在国家治理体系和治理能力现代化的高度，推进政事分开、管办分离，机构精简、职能优化，管理内置、服务外购，统分结合、保障有力，构建集中、统一、高效的机关事务管理体系。**聚焦**加强集中统一管理，依法确定机关事务管理职能，充分发挥主管部门职能作用，认真落实职责任务；**推进**后勤服务社会化，合理确定后勤服务范围，加大购买后勤服务力度，切实保障后勤服务经费；**精简**优化服务中心，严格规范、归并整合机关服务中心，稳妥做好人员安置工作；**提升**保障管理效能，提高机关事务法治化、集约化、标准化、信息化水平，加强绩效评价。通过一系列改革措施，开创机关事务主管部门集中统一管理、各部门负责日常运行管理、后勤服务通过市场化方式供给的机关事务管理新格局。

三、大力推动标准化信息化建设

习近平总书记多次强调，没有标准化就没有现代化，没有信息化就没有现代化。标准化、信息化是提高机关事务工作质量的重要路径，对于提升保障和管理效能具有整体性、变革性、重塑性作用。标准化，让优秀的管理理念、模式、技术和产品可复制、易推广、更规范，便于借鉴、传承和整体提升；信息化，可以拓展管理半径，扩大管理范围，提高管理精度，减少人力消耗，降低管理成本。

近年来，我们按照中央部署要求，结合机关事务工作实际，总结提出了"坚持集中统一管理，坚持以标准化、信息化为支撑"的"一体两翼"发展思路，着力抓顶层设计、抓统筹规划、抓试点示范、抓成果运用。标准化方面，在全国组织开展两批 22 个标准化试点，指导推动各地区出台 113 项地方标准，成立全国机关事务管理标准化工作组，工作机制更加完善，标准体系日益健全，标准化实施效果逐渐显现。信息化方面，29 个省完成了公务用车"全省一张网"平台建设，18 个省初步建成办公用房管理系统，19 个省建设了公共机构节能管理系统，智慧后勤亮点频出，新媒体应用越来越普遍。

因此，要继续落实好"一体两翼"发展思路，以标准化、信息化赋能机关事务管理实践，推动机关事务集中统一管理更富质量、更有效能。坚持以标准化建设促进规范化管理，着力研究标准、制定标准、健全标准、执行标准，大力推进国家标准立项，编制《机关事务管理基础术语》《机关办公区域物业服务监管评价规范》，加强标准形式创新和标准实施监督，逐步实现按标准管理、依标准保障、照标准评价。依托全国机关事务管理标准化工作组，加强对各地区标准化工作的系统规划、统筹谋划、指导协调，确保完成《机关事务标准化发展规划（2018—2020 年）》目标任务。坚持以信息化手段提升精细化水平，推动实现管理科学化、智能化、智慧化。部署运行全国机关事务数据直报系统，整合建设中央国家机关事务综合服务保障平台，促进信息互联互通、数据共享共用、业务一网通办。积极运用大数据、云计算、区块链、人工智能等技术手段，推进智慧机关、智能社区建设，以技术革新推动管理创新。加快标准化信息化"两化融合"，编制机关事务信息资源互联互通标准规范，统一数据标准、系统接入标准和业务流程标准，为各省（自治区、直辖市）机关事务管理部门构建"全省一张网"提供技术支撑，探索建设全国"机关事务云"，逐步实现机关事务管理"全国一张网"。

四、加快完善机关运行保障制度体系

党的十九届四中全会提出，要抓紧制定国家治理体系和治理能力现代化急需的制度、满足人民对美好生活新期待必备的制度。推进机关事务管理法治建设，着力构建系统完备、科学规范、运行有效的机关运行保障制度体系，是实现机关事务治理现代化、促进效能提升的重要保障。完善的机关运行保障制度体系，既包括党的大政方针、国家法律，也包括行政法规、部门规章，还包括一系列国家标准、技术规范等；在更广泛的意义上讲，还包括机关事务系统干部职工的思想理念、行为习惯和机关文化。实践中，近年来机关事务领域制度建设的力度、速度、效度明显提升，中央层面相继出台了《公共机构节能条例》《机关事务管理条例》《党政机关厉行节约反对浪费条例》《党政机关国内公务接待管理规定》《党政机关办公用房管理办法》《党政机关公务用车管理办法》等，各地也制定了相应的配套制度，在推动全面从严治党要求和中央八项规定精神落实落细、促进节约型机关建设、提高机关事务系统治理水平等方面发挥了积极作用。

诚然，对照依法治国、国家治理体系和治理能力现代化要求，机关事务管理制度建设还有一定差距，要进一步补短板、强弱项，不断完善规范机关运行保障的"四梁八柱"。

第一，要加快推进机关事务立法。以法律形式对机关运行保障管理作出规定，是深化依法治国实践、推动全面从严治党向纵深发展的必然要求，是完善国家治理体系、提升国家治理效能的有力举措。机关运行保障涉及人、财、物，保障对象涵盖各级党政机关、广大干部职工，保障的效果效能既影响机关自身运转效率，也辐射政务运行质量和公共服务能力。只有坚持依法保障、依法管理、依法服务，依法确定各方的职责、权益，才能实现保障的均等化、标准化、规范化。要按照《十三届全国人大常委会立法规划》的安排，加快推进机关运行保障立法工作，进一步凝聚共识、形成合力，通过立法明确机关运行保障管理职责、体制机制、基本制度、保障事项，实现机构、职能、权限、程序、责任法定化，逐步实现机关运行成本可控、质量提升、绩效可比、监督有力。

第二,要健全配套制度体系,围绕机关运行和政务保障要求,逐步完善资产、资源、资金统筹和办公用房、公务用车、公务接待集约管理的配套制度,形成以机关运行保障法为统领、以综合性法规及专项法规为主干、以规范性文件为延伸、以各类技术标准为支撑的机关运行保障制度体系。

第三,要强化制度执行,把遵法、信法、守法的理念、思维、原则贯穿到保障和服务管理的全流程、各环节,培育机关运行法治文化,营造法治氛围,确保各项工作在制度和法治轨道上有序运行,推动制度优势转化为治理效能。

五、扎实抓好节约型机关创建

习近平总书记多次强调,党和政府带头过紧日子,目的是为老百姓过好日子。降低机关运行成本,提高保障和管理效能,是机关事务管理部门落实过紧日子要求的重要体现。近年来,我们着力健全完善党政机关厉行节约制度体系和标准体系,在办公运行、会议差旅、公务接待、政府采购、后勤保障等方面行简约、倡俭朴、戒奢华,严格控制机关运行成本,大力压减一般性支出,提高资金资产资源使用效率,把钱用在刀刃上。积极推进公共机构节能工作,组织开展节约型公共机构示范单位创建评选工作,在全国范围内建成3600多家示范单位、180多家能效领跑者、3万多家节水型公共机构。2018年全国公共机构人均综合能耗341.57千克标准煤,单位建筑面积能耗19.29千克标准煤,人均用水量23.04吨,较2015年分别下降7.9%、6.1%、9.1%。干部职工节能意识不断增强,机关节俭文化日益深入人心,在全社会发挥了示范引领作用。

受新冠肺炎疫情冲击影响,世界经济形势复杂严峻,我国经济社会发展面临的挑战前所未有,财政收支矛盾更为突出。机关事务管理部门要深入贯彻落实习近平总书记关于统筹推进疫情防控和经济社会发展工作的重要指示精神，坚守节用裕民之道，把过紧日子的要求落实落细，着力降成本、压开支、提效能，集约使用资金，统筹盘活资产，节约能源资源，推动节约型机关建设，努力以尽可能少的支出、尽可能小的成本，做好机关运转和政务运行保障。开展机关运行成本统计、分析、考核和质量评价，逐步实现机关运行成本核算科学化、开支标准化、效益最大化。

2020年3月，国管局、中直管理局、国家发展改革委、财政部四部门联合印发《节约型机关创建行动方案》，提出到2022年，力争70%的县级及以上党政机关达到创建要求。要以节约型机关等示范单位创建为抓手，统筹推进绿色建筑、绿色出行、绿色食堂、绿色数据中心建设，持续做好机关节水、节电、节粮、节纸、垃圾分类等工作，引导带动全社会形成崇尚生态文明、践行绿色发展的浓厚氛围。

六、努力打造高素质专业化人才队伍

习近平总书记多次强调，人才是第一资源，是事业发展最宝贵的财富。推动机关事务工作高质量发展，提升保障和管理效能，归根结底靠的是人的能力、水平、作风，靠的是一支忠诚干净担当的高素质专业化干部职工队伍。近年来，机关事务管理部门坚持党管干部原则，贯彻新时代好干部标准，抓好队伍政治建设、能力建设、作风建设，着力提振精神状态，激励担当作为。针对机关事务系统工勤人员多、专业技能要求高的实际，广泛组织开展服务技能竞赛，内容涵盖客房服务、会议服务、中西餐烹饪、物业万能工等，干部职工专业思维、专业素质、专业水平得到提升，重视服务、尊重人才、崇尚技能的理念蔚然成风。扎实推进机关事务理论研究和学科建设，创新研究载体，搭建研究平台，各级机关事务管理部门与高校、科研机构合作成立10余个机关事务研究中心，在理论研究、决策咨询、人才培养、干部培训等方面开展深入合作。北京大学等高校在公共管理硕士（MPA）中开设了机关事务管理课程，中国社科院设立了国家机关运行保障研究中心及博士后工作站，机关事务理论研究在学术界的影响力日益提升。

十年树木，百年树人。面对新时代新形势新任务，必须把人才队伍建设摆在更加突出位置，落实忠诚干净担当要求，坚持高素质专业化导向，树立整体人才观，抓好公务员、经营管理人才、专业技术人才、高技能人才"四类人才"的培养、使用和管理，加强队伍的思想淬炼、政治历练、实践锻炼、专业训练。要健全机关事务系统干部交流互派、人力统筹调配机制，组织多层次、跨地区的挂职交流、基层锻炼、委培代培，提升人才队伍整体水平。要大力弘扬工匠精神，广泛开展技能竞赛、岗位练兵、业务比武、评比评优等活动，选树先进集体、模范人物、工作标兵、技术工匠、岗位能手，让专业化成为机关事务工作者的形象和名片。要积极引智聚力，加强与高等院校、科研院所务实合作，深化机关事务基础理论研究，健全学科体系，加强高层次、高水平人才培养，推进高端智库建设，为推动机关事务工作改革创新发展凝聚智慧力量。

李宝荣

二〇二〇年十月一日

前　　言

　　机关事务管理是指对机关高效运行所需经费、资产、服务、能源资源等进行统筹安排、优化配置、管理监督的行政活动。机关事务管理自古有之，发展至今，成为行政管理的重要内容。党的十八大以来，中央在严格执行中央"八项规定"及其实施细则、加强党政机关自身建设、厉行节约反对浪费、建设节约型机关等方面对机关事务工作提出了新的更高要求，各级机关事务管理部门肩负着助推国家治理体系和治理能力现代化的重要使命，承担着以高效依法保障推进法治政府建设的重要任务，面临着实现新时代机关事务工作高质量发展的重要课题。习近平总书记指出："这是一个需要理论而且一定能够产生理论的时代，这是一个需要思想而且一定能够产生思想的时代。"机关事务要有新格局、大视野，离不开理论支撑、理论先导、理论滋养，理论对机关事务谋长远之策、壮固本之基、强发展之力意义重大。

　　机关事务管理理论是行政管理学和公共管理学的重要组成部分。近年来，机关事务管理部门积极与高校、科研院所进行合作开展课题研究，从基础理论、政策性研究、具体业务研究等多方面入手，取得了一系列研究成果；有序推进智库建设，与全国各地的高校、科研院所合作成立了多家机关事务研究中心，成为机关事务工作重要的"思想库""知识库"和"人才库"；扎实推进学科建设和人才培养工作，在北京大学等高校开设机关事务管理课程，编写相关课程教材，招收机关事务管理方向的博士后、博士研究生、硕士研究生等，机关事务理论研究工作取得了丰硕的成果。

机关事务理论研究在推进国家治理体系和治理能力现代化的大方向、大背景下，重点围绕以下几个方面展开：

第一，在宏观层面研究机关事务工作在国家治理中的地位，讲清楚在新时代中国特色社会主义背景下，机关事务工作之于国家治理的角色、作用以及与国家治理之间的关系；尝试厘清国家治理体系和治理能力现代化对机关事务工作的新挑战、新机遇、新要求；总结机关事务工作发展规律，科学判断机关事务工作发展趋势。

第二，深入研究机关事务治理体系的现代化，从机关事务体制机制、机构职能入手，围绕机关事务在提升政府施政效能中的功能定位和职能作用、机关事务集中统一管理体制等内容推进研究，使机关事务管理部门适应新的工作定位和保障要求，提高保障和服务管理效能。

第三，着重研究机关事务治理能力的现代化，提高需求统筹、资源调配能力和监督管理能力，使机关事务工作能够准确把握基本需求，迅速有效地调集相关资源，明确保障的提供方式、程序、要求和责任，确保机关高效运转。

第四，以"一体两翼"为研究重点。机关事务工作点多、线长、面广，我们围绕集中统一管理体制进行深入研究，发挥标准化在规范约束、目标引导、精准计量，以及信息化在高度集成、自动控制、智能决策等方面的作用。同时，以标准化规范信息化，以信息化助力标准化，共同为做好机关事务工作提供有效支撑。

第五，以各级机关事务管理部门为研究样板。理论离不开实践的支撑，我们充分利用当地机关事务管理部门的样本资源，深入开展实证研究，剖析机关事务实践工作中存在的问题和面临的困难，确保理论研究成果能够有效指导实践工作，避免理论与实践脱节。

这套"机关事务管理与法治论丛"，既有对机关事务基础理论的重点阐释，也有新时代中国特色社会主义背景下推进机关事务治理体系和治理能力现代化的全面剖析，还有政府运行保障立法的专项研究，另外还包括机关事务标准化等具体业务领域的深入拓展，集中展示了近几年机关事务管理部门理论研究的初步成果，是开展机关事务相关研究工作的重要基础。

  在不远的将来，各级机关事务管理系统将继续以推进国家治理体系和治理能力现代化下的机关事务工作为主线，坚持问题导向，坚持研以致用，坚持成果转化，坚持外部智力支持和内部深度参与相结合，切实为机关事务工作创新发展提供理论支撑和决策支持。与此同时，希望学术界能够继续支持机关事务理论研究工作，为机关事务的理论建设创造更好的学术氛围和环境；希望各地机关事务管理部门进一步重视理论建设，从理论上发现问题根源，寻找解决问题的突破口，自觉以理论引领、修正实践。让我们共同期待思想理论之光铺就机关事务发展改革之路！

"机关事务管理与法治论丛"编写委员会

二〇二〇年九月三日

目 录

第一章　机关事务管理的理论基础　1
 第一节　机关事务管理的内容　1
 第二节　机关事务管理的基本理论　5
 第三节　机关事务管理的作用和特点　12

第二章　机关事务管理面临的新局面　25
 第一节　机关事务管理的内涵和外延　26
 第二节　政策文件和批示精神　32
 第三节　机关事务管理面临的新趋势　38
 第四节　机关事务管理的新定位　47

第三章　机关事务管理职能建设　52
 第一节　我国机关事务职能的现状与问题　52
 第二节　明确机关事务管理的职能建设方向　56
 第三节　完善机关事务职能建设的重点任务　60

第四章　机关事务体制建设　67
 第一节　完善机关事务管理机构设置　67
 第二节　完善机关事务管理领导机制　75
 第三节　优化机关事务运行保障　80

第五章　机关事务法治化建设　　　　　　　　　　87
第一节　机关事务管理的法律性质和法治保障的现状　88
第二节　推进机关事务建设的法治化　　　　　　　97
第三节　加快构建机关事务法律、法规体系　　　　102

第六章　机关事务标准化建设　　　　　　　　　　106
第一节　推动机关事务标准化的必要性及存在的问题　107
第二节　当前机关事务标准化建设的进展　　　　　115
第三节　进一步加快推进机关事务标准化　　　　　121

第七章　机关事务信息化建设　　　　　　　　　　129
第一节　信息化建设是推进机关事务现代化
　　　　转型的需要　　　　　　　　　　　　　130
第二节　建设机关事务信息化管理系统　　　　　　133
第三节　创新机关事务信息化建设　　　　　　　　145

第八章　机关事务绩效管理　　　　　　　　　　　151
第一节　加强和完善机关事务绩效管理的必要性　　152
第二节　机关事务绩效管理现状及存在的问题　　　155
第三节　积极探索机关事务绩效管理　　　　　　　164

附录一　浙江省机关事务管理模式及其启示　　　　173

附录二　《机关事务工作"十三五"规划》中期评估报告　204

第一章 机关事务管理的理论基础

机关事务管理作为国家治理的重要组成部分,对推动国家治理现代化进程具有重要作用。然而,这一领域在长期发展过程中却一直没有得到理论界的重视。从理论上看,机关事务管理属于行政管理范畴,是一种重要的政府内部行政行为活动。目前,鉴于机关事务管理内容较为繁杂,且相关理论研究基础比较薄弱,有必要进一步夯实基础理论研究基础,逐步构建机关事务管理理论研究的框架。

第一节 机关事务管理的内容

机关事务管理以管理职能为核心,以保障和服务职能为基础,不仅是保障机关正常、有序、高效运转的重要管理主体,还是有效推进党政机关发展与改革的机关建设的践行者。从历史发展的角度看,机关事务管理本身经历了一个由机关后勤逐渐演变为现代机关事务管理的过程,而这一过程是在机关事务管理部门努力践行自身发展与改革任务目标以更好地履行职能中不断演变的。

一、机关后勤的内容

后勤源于军事领域,通常用作军事术语,是后方勤务的简称,是指后方对前方的供给服务工作,目的是为军事活动提供保障。那么,机关后勤沿用军事后勤思想,主要是指为机关正常运转提供基本服务工作的活动，具体包括：

（1）办公用房和生活国家的日常服务，是指按照国家相关规定为机关领导及其他行政人员提供办公用房和生活用房的保管、维修、基础设施建设和物业管理等服务。

（2）机关车辆服务，是指按照国家规定为机关单位提供车辆采购、车辆运行与维护等服务。

（3）日常接待的餐饮服务，是指为机关工作人员以及来访外宾提供餐饮服务，包括食堂的管理和建设、食材的采购和监管等服务。

（4）安全服务，主要是指对机关提供安全保卫工作，对领导及其他行政人员提供人身安全保护工作。

（5）会议服务，包括会议场地的布置、会议所需物品的提供以及会议参与人员的接待、餐饮和住宿等服务。

（6）办公服务，包括办公的房屋除服务外，还包括提供办公场所内的办公物品，如办公家具、电脑、打印机、纸张、影音设备等装备的采购和分配，为保障机关工作的正常运转提供基本的物品和物质设施。

由此可见，机关后勤更大程度上是以服务职能为主，且缺乏制度建设与制度设计保障，秉持落后的思想观念，"等"着机关要服务，"靠"财政拨款过日子，依靠领导指示交办履行职能，不但缺乏工作的积极性与创新性，而且造成机关资源的严重浪费，对机关运行成本未形成严格的监管能力。机关后勤服务社会化改革的方式，是指将后勤服务的相关职能交给专业的社会组织承担，以不断增强自身的管理职能。1983年，中共中央书记处第七十次会议提出机关后勤"服务社会化问题，要逐步解决"的要求，确立了机关后勤服务社会化的改革目标。机关后勤服务社会化改革不断创新公私部门合作方式，一方面，积极组织收入，以解决我国行政经费供需矛盾问题，另一方面，将机关后勤管理职能与服务职能分离，推动机关后勤管理职能的进一步强化，并且缩减人员编制，改善机构臃肿、人浮于事的现象。这些举措进一步推动了机关后勤向现代机关事务管理的转变。

二、机关事务的内容

我国采用现代机关事务管理有以下重要的标志。首先，我国《机关事务管理条例》是机关事务管理领域唯一的行政法规，标志着机关事务管理领域法治化与制度化建设的开端。其次，国务院机关事务管理局更名为国家机关事务管理局，意味着机关事务管理的领域与范围正在逐渐扩大。最后，许多省份相继成立专门的、统一的机关事务管理部门，整合党委、政府、政协、人大等机关的机关事务工作，实行集中统一管理，体现了机关事务管理部门践行管理体制改革的努力。

现代机关事务管理以管理职能为主，是指对机关运行过程中所需资金、资产、资源、服务等进行计划、组织、指挥、协调和控制的过程。现代机关事务管理在国家治理体系的大框架下，通过自身的改革与发展，依法管理机关事务，注重职能化建设，不但对机关运行过程具有支持和保障的作用，而且对机关运行过程与结果具有监督和控制的功能。

机关事务管理的内容相较于机关后勤，更加侧重管理与宏观调控方面，同时包含机关后勤的主要内容。具体而言，机关事务管理在管理层面的内容主要包括以下方面：

（1）资金管理，是指机关运行经费管理以及某些专项经费的管理，根据国家财政预算管理的具体要求，严格把控机关运行经费的预算执行，具体包括预决算管理、机关会计业务指导、财务监督以及为重要会议、重大活动提供经费保障等。资金管理的目的是提高资金使用效率和财务管理水平。

（2）资产管理，是指对各级各类机关占有、使用并在法律上确认为国家所有的资产进行管理，机关资产管理的主要内容是对非经营性国有资产的产权登记、日常维护、资产处置、规范非经营性国有资产转为经营性国有资产行为等，以及办公用房建设项目审核、计划编制、建设监管以及办公用房和办公区建设的规划编制、权属登记、使用调配等。

（3）标准管理，即依据标准规范、引导、制约机关事务工作，包括标准的制定、实施、推广及完善。标准管理的目标是"两个统一"，即效率与成本的统一、基准服务与个性化服务的统一。具体而言，应用标准管理促使减少资金和成本投入，并使效率最大化；在基准服务的基础上，满足个性化服务。

（4）监督管理，是指机关事务管理部门内部上下级之间以及相关部门之间的全过程监督，其作用主要表现为：可以及时反馈制度法规实施的社会效果，为法律、法规的制定、修改、废除提供实践依据；可以预防和纠正机关事务管理工作中的违法违规行为；有助于保障法律法规的执行。

机关事务管理在宏观调控层面的内容主要包括以下方面：

（1）制定宏观调控政策、发展规划和相关制度，根据机关事务发展需求制定宏观调控政策、行业发展规划和业务发展计划，确保机关事务高起点、高站位、快发展，统筹理机关公共物品和服务供给，保障机关资产和资源得到合理、有效的利用，切实降低机关运行成本。

（2）制定机关运行保障管理法律、法规及行业标准，推进机关事务立法，制定相关配套制度，确保机关事务管理依法行政、合理行政、程序正当、高效便民，确立资源配置、服务供给、物资消耗、质量评价等行业标准，加快推进机关工作人员住房制度改革、公务用车制度改革、公共机构节能等指导、协调与监督。

（3）完善后勤服务市场体系和监管体系，规范市场秩序，约束主体行为，建立健全后勤服务市场的准入、竞争、反垄断、反分割等管理体制和运行机制以及服务监管体系，设立绩效评价标准，监管服务运行成本，切实服务质量和服务效率。

（4）规范服务管理改革和服务社会化改革，拟定机关后勤体制改革和服务社会化改革的政策、制度并监督实施，促进制度转型，为实现后勤服务社会化创造政策与制度环境，制定服务经营单位指导制度，为服务经营单位提供必要的信息、技术和政策支持，指导服务经营单位判断市场走势，转变经营机制，改进服务质量。

综上所述，机关事务管理的内容体现为机关事务管理部门管理职能的强化，侧重于对机关事务发展长期战略规划的制定，以及创新机关事务管理体制、调整机关事务管理组织结构、转变机关服务保障方式，为进一步推进机关事务管理改革，建立健全集中统一、权责明确的管理体制提供了前提保障，推动机关事务管理更加科学、规范、专业，更加符合国家治理现代化要求。

第二节 机关事务管理的基本理论

当前，机关事务管理的基本理论研究仍然存在大量空白，目前尚没有一个统一的、整体性的研究框架对这一领域进行分析研究。但是，我们仍然可以从相关学科中找到相关理论进行机关事务管理研究。

一、组织行为理论

机关事务管理本身是一种组织行为，离不开组织行为理论的指导。对组织行为理论的研究，最早可以追溯到马克斯·韦伯的科层制理论。韦伯认为，组织的合法权威有三种来源：习俗惯例、个人魅力和法规理性，而官僚制是一种依靠法规理性的、最有效率的管理体制。"纯粹的官僚体制的行政管理……适用于一切任务，纯粹从技术上看可以达到最高的完善程度，在所有这些意义上是实施统治形式上最合理的形式。"① 尽管官僚制在韦伯所在的时代是一种"历史趋势"，但随着官僚制长期的实践，其弊病也日益显著，受到了越来越多的批评。

官僚制的一个弊病就是组织信息的危机。官僚制倾向于强调信息自上而下的传递，身处等级结构最高的人尽管能够建立特定的制度安排来控制那些越出正常的政策执行结构的举动，但并不真正了解政策执行的具体情况。最了解政策执行情况的人是那些执行政策的人，但他们却没有决策权，他们只能通过组织内自下而上的信息通道一级一级地传递。官僚制金字塔型的组织结构导致了决策权与信息结构的背离。这也使得下级在服从上级指令与服从自己的专业化知识之间左右为难，因为一个涉及外在强加的纪律，另一个是专业化本身的内在性质。如果说上级职位的权力是一种创制权，下级的权力则可以用来修改、延缓或阻碍这些创制权。为了维护职位的权力，削弱下级来自专门知识的权力基础，行政上级则倾向于强调组织原则和垄断信息等方法，使外人不了解决策的基础。然而，为了实现组织的目标，信息的共享与整合是不可或缺的。组织的一项基本任务就是将个体知识整合为集体知识或组织知识；个体所拥有的知识必须上升到集体甚至组织层面，才能为组织目标的实现提供支持。因此，官僚制的稳定性事实上与它所依存的信息的广泛性和扩散性是不相容的。

官僚制的另一个弊病是激励困境。官僚机构可以通过国家预算吸取财政资源，因此它免除了所有其他组织所承受的市场压力。由于缺乏竞争，官僚制在成本上总是无效率的。从专业性看，官僚制趋向于保守，难以进步。由于官僚制在管理上通过高度分工和专业化实现绩效和效率，大量的岗位和技术是专用于特定职能的，这种专业化也使得官僚制是最不愿意改变自身工作方式的组织。

---

① 〔德〕马克斯·韦伯：《经济与社会（上）》，林荣远译，商务印书馆1997年版，第248页。

此外，官僚制忽视了人的情感情绪。过分强调模式化的职责，将导致情感从组织的目标转移到规则所要求的行为细节。规则原本只是手段，现在却变成了终极目标。在许多案例中，一些追求效率的非常规操作化的设计，常常会导致仪式化的或特别刚性的行为，两种行为都有损效率。

二、新公共管理理论

为解决官僚制组织的弊端，20世纪80年代以来，一场以"新公共管理"为名的公共管理运动逐渐兴起。其基本观点认为，新公共管理是以有效率的市场机制取代无效率的科层官僚制。胡德总结了新公共管理的七项学说和与之相对应的工具，具体包括：（1）公共部门专业管理实践——人力资源管理系统、战略规划、正式制度的转换；（2）清晰的绩效标准和举措——平衡指标体系；（3）更加关注产出控制——绩效评估系统、绩效工资；（4）公共部门单元的解制——组织结构重塑，包括创立单一目标组织、代理机构、股份制、结构重组等；（5）公共部门更多竞争——服务外包、合同外包、公私伙伴关系、服务合同；（6）强调私人部门管理风格的实践——预算改革、会计政策的采纳、信息技术的采用、变革管理；（7）强调资源使用的规则和节约——会计规制和内外部审计系统的运用。新公共管理运动不仅在规模和管理上对传统官僚体制进行了改革，更重要的是改变了政治与行政的二者分离的状态，"新公共管理的采纳意味着公共部门管理领域中新范式的出现"[1]。

然而，新公共管理运动也招致了大量的批评。到20世纪末，新公共管理运动的实践基本"消亡"了。批评者指出，公共部门市场化将

---

[1] 〔澳〕欧文·E. 休斯：《公共管理导论》，张成福、王学栋等译，中国人民大学出版社2002年版，第3页。

导致政府自身定位的偏离,以市场机制解决公共问题从根本上说违背了政府存在的目的,新公共管理运动也面临经济学"市场失灵"的矛盾。以合同制为代表的私营企业管理方式常常不适用于公共部门,因为公职人员既不是合同的所有者,也难以从合同中获得直接的收益。在相关改革举措的推行上,受到传统官僚组织的抵制,新公共管理运动也存在着断裂的趋势,即表面上公共部门采用了新的管理方式,但实际上组织的日常运作没有发生改变。许多学者认为,新公共管理的这些特征是没有实质内涵的"夸大伎俩",实际上并没有改变任何东西,是"新瓶装旧酒"。而且,新公共管理在实施中产生了意料之外的"副产品",主要包括:(1)结构放权导致的碎片化和角色模糊弊端;(2)扩大单一目的的组织和垂直专业化;(3)忽视跨机构合作;(4)过多的管理自主权;(5)不连续性和非线性;(6)破坏政治控制,制造不信任,产生角色模糊的弊端。新公共管理改革的实际效果也从另一方面印证了它的限度。以新自由主义理念为指导的政府改革试图通过缩小政府规模、减少政府职能来削减公共开支,但是,"推行'撒切尔的绝对真理'之后 17 年,公共开支仍相当于国民生产总值的 42.25%,和当初她上台时相同"①。

  基于新公共管理运动的失败,一些学者试图去超越新公共管理理论,后新公共管理随之产生。后新公共管理在某种程度上是韦伯科层制理论和新公共管理的混合体。后新公共管理通过重新集权或强化协作能力来加强组织协调。然而,这一方向的努力仍未超越新公共管理的框架,仅仅是对新公共管理存在的问题予以部分解决。另外一些学者则认为,新公共管理失败的根本原因在于政治体系。"当今公共行政中广受批评的绩效不彰的问题,主要源于政治系统结构上的设计,并

---

① 〔美〕诺姆·乔姆斯基:《新自由主义与全球秩序》,徐海铭、季海宏译,江苏人民出版社 2000 年版,第 51 页。

非源于公共行政本身的能力不足。"① 为此,应当从政治制度设计上重新建立公共管理的范式。比如在代议制框架外,建立公共服务供给的社会参与机制。

三、公权力理论

政府机关区别于其他社会组织的关键就在于其本身所具有的公权力。公权力(public power)是指在公共管理的过程中,由以国家为代表的政府机关和人员掌握并行使的,用以处理公共事务、维护公共秩序、增进公共利益的权力。公权力的产生来自国家,恩格斯指出:"确切地说,国家是社会在一定发展阶段上的产物;国家是承认:这个社会陷入了不可解决的自我矛盾,分裂为不可调和的对立面而又无力摆脱这些对立面。而为了使这些对立面,这些经济利益互相冲突的阶级,不致在无谓的斗争中把自己的社会消灭,就需要有一种表面上凌驾于社会之上的力量……这种从社会中产生但又自居于社会之上并且日益同社会相异化的力量,就是国家。"② 人类进入国家状态,就会受到国家公权力的强力制约。公权力作为维持社会秩序的工具,其主要手段就是配置资源;通过公权力配置资源来平衡各方利益——国家之间、国家内部各种利益主体之间的利益——以维护公共利益,使世界和平共处,社会和谐发展,这是公权力存在的意义。公权力既是国家权威的体现,也是社会公共服务的供给来源。公权力通过从私人那里索取和征收财富,而为私人创造出了更大的财富。这种财富的最主要的体现便是秩序、和平和公共设计。

诚然,公权力的行使需要依靠法律。现代国家无不以"人民主权"的原则来建构国家的政治制度,承认"政府的正当权力,则得自被统

---

① Wamsley, G. L. (et al.), *Refounding Public Administration*, Sage, 1990, pp. 31-51.
② 《马克思恩格斯文集》(第4卷),人民出版社2009年版,第189页。

治者的同意"①。在现代国家宪法的基础上,人民让渡给国家的权力通过法律规范获得了确认,就转化成行使性权力,其表现是国家机关通过宪法和法律在国家机构体系内配置的并由不同国家机关和公职人员掌握和运用的权力。恩格斯指出:"官吏既然掌握着公共权力和征税权,他们就作为社会机关而凌驾于社会之上……他们作为同社会相异化的力量的代表,必须用特别的法律来取得尊敬,凭借这种法律,他们享有了特殊神圣和不可侵犯的地位。"②公权力的行使催生了官僚机构和官员的产生。因此在现代国家中,公权力尽管归属于全体人民,但实质上是由官僚机构中的官员掌握并代理行使。

这种官员与国家间的代理委托关系使得"公权力从其产生开始,就存在着被异化的可能"③。所谓公权力的异化,是指公权力的运行超越了其既定的轨道,背离了它的公共性本质,被公权力代理人用于谋求私人利益,成了掌权者的私有物,服务于掌权者的私利。丹尼斯·朗指出:"如果权力关系是必需的,也许会被描述为必需的邪恶。这种邪恶在于权力容易滥用,在于权力容易从合法领域扩大到其他领域,这主要因为作为潜在通用手段的权力地位,可以为任何集团、任何个人的目的服务。"④

公权力的异化,在政治上扰乱了政治运行的正常秩序,在经济上则表现为公权力参与财富的分配。"权力参与财富分割的方式有显性的和隐性的两种,显性的支配包括制度化的途径,比如国有企事业单位按行政职位等级确定工资、福利等报酬,而且这些等级间差别越来越大,行政级别高往往意味着掌握的权力大,在责任缺失或不足的状况

---

① 〔英〕伯特兰·罗素:《权力论:一个新的社会分析》,靳建国译,东方出版社1988年版,第267页。
② 《马克思恩格斯文集》(第4卷),人民出版社2009年版,第191页。
③ 张维新:《公权力异化及其治理》,载《行政论坛》2011年第2期。
④ 〔美〕丹尼斯·朗:《权力论》,陆震纶、郑明哲译,中国社会科学出版社2001年版,第292页。

下，高报酬就成了对权力的馈赠，而不是对责任的合理回报，其实质是权力对财富的摄取，势必扭曲社会财富分配格局。"①隐性的支配主要是指通过钱权交易、权力寻租等非法途径，将公权力渗透到经济领域，以攫取高额利润和不正当的收益。"权力资源尽管也是一种资源，但它同许多资源有一个重要的分别，这就是它还可以在很大程度上甚至在决定性的意义上，影响其他许多资源的配置。"②

需要注意的是，公权力与公权力之间并不是孤立的。"国家的权力是一个有着不同层次和结构的系统，即权力系统。在权力系统中，各种子权力系统之间不是无关的和离散的，而是存在着一定内在的关联性。"③公权力与公权力之间的结合以及公权力与利益集团的结合扩大了公权力异化的范围和能力。作为公权力代理人的政治官员，当他们卷入寻租活动，必然会对收入和生活机会进行再分配，并使公共生活政治化。基于这个原因，在集体行动的所有层面上，有组织利益集团与政府机构之间往往会形成共谋，即出现设租者与寻租者之间的联盟。孙立平教授就指出，利益集团的行动要真正取得效果，最有效的办法就是与行政权力结盟。公权力的异化直接妨碍了公共权力的正常运行，破坏了公权力赖以存在的道德基础及合法性基础，因此，必须防止公权力的异化。法国启蒙思想家孟德斯鸠认为，一切有权力的人都容易滥用权力，这是万古不易的一条经验。有权力的人们使用权力一直到遇有界限的地方才休止。因此，"从事物的性质来说，要防止滥用权力，就必须以权力约束权力"④。能否使公权力受到制度的限制，使权

---

① 卓纳新、樊安红：《试论权力因素对财富分配的影响》，载《当代经济》2007年第12期。
② 周旺生：《论作为支配性力量的权力资源》，载《北京大学学报（哲学社会科学版）》2004年第4期。
③ 王照东：《政治文明视野中的权力问题研究》，中国社会科学出版社2006年版，第37—39页。
④ 〔法〕孟德斯鸠：《论法的精神（上）》，张雁深译，商务印书馆1959年版，第184页。

力的行使受到制约,是公权力正确行使的重要保障。正如俞可平教授指出的:"国家治理体系现代化的首要衡量标准就是国家公共权力运行的制度化和规范化。"① 依据公权力理论,一方面,政府机关自身公权力的运转存在异化的危险,因此需要机关事务管理的专业部门进行事务管理,以此确认机关事务管理部门存在的合理性和合法性;另一方面,机关事务管理部门作为政府机关的一部分,同样具有公权力,需要依靠法律制度的方式予以规范。

第三节 机关事务管理的作用和特点

机关事务管理服务于机关的核心职能,是机关单位和组织实现正常运转、正常行使职能的重要基础和保障。因此,机关事务管理与机关职能密切相关,并随着机关自身的发展和需求的变化而不断变化。

一、机关事务管理的地位

机关事务管理是政府机关履行职能的基础,是机关事务工作高效、有序运转的保证,同时还是机关工作人员社会生活的依托。② 因此,从一定意义上说,在政府机关,若没有机关事务管理,就没有业务职能,也就没有社会事业的发展和进步。

首先,机关事务管理是机关单位和组织履行工作职能、开展业务工作的基础。任何单位和组织要履行职能,发展业务,必须具备三个基本条件:一是物质条件,二是生活条件,三是服务条件。只有物质条件而没有生活条件,从事生产的工作人员就没有生活依托;只有物

---

① 俞可平:《衡量国家治理体系现代化的基本标准》,载《北京日报》2013年12月9日。
② 王德:《机关事务管理思考与前瞻》,中国人事出版社2012年版,第25—26页。

质条件和生活条件，但服务条件缺乏，没有人愿意去组织服务和提供保障，导致现成的物质条件和生活条件运转不起来，也就成了摆设。

其次，机关事务管理是机关单位和组织高效、有序运转，推动事业发展的保障。机关事务管理的基本任务就是保证机关工作正常运转和各项业务工作的顺利完成。在日常工作中，机关事务管理部门的主要作用是统筹兼顾、按部就班，保证各项服务保障工作的正常进行，从而确保主业工作的正常开展。在应急状态下，机关事务管理部门往往处在紧急任务的最前沿，从物资筹备、经费调度、生活安排、通信联络到现场保障和后勤服务等方面，都担负着繁重的任务和责任。在恢复重建过程中，机关事务管理部门又成为最基础的保障部门和最得力的支持部门。无数事实证明，职能工作的正常开展和事业的顺利发展，在一定程度上取决于机关事务管理工作的状况。

最后，机关事务管理是单位和组织内干部职工的工作前提和生活依托。在单位办社会的计划经济时代，机关事务管理部门承担了大量的住房保障、餐饮服务、理发洗浴服务、汽车维修服务、小区与物业服务等功能，因此，离开了本部门、本单位的机关事务管理工作，该组织的业务工作就无法正常开展。在市场经济条件下，机关单位虽然不再过多地承担职工的直接生活服务，但仍然要承担购买社会服务、监督和评价社会服务的职能。因此，解除干部职工的后顾之忧，使干部职工能够心情舒畅、体魄健全、精神饱满地投入工作，机关事务管理部门的保障作用必须首先到位，其生活依托的功能要首先得到保证。

二、机关事务管理的作用

机关事务管理的作用是由机关事务管理的基本任务、性质和在本单位、本部门的重要地位决定的，反映了单位和组织对机关事务管理的基本要求，也彰显了干部职工对机关事务管理工作的基本愿望。具体来说，主要表现在以下方面①：

1. 管理作用

机关事务管理的管理作用是指对保障机关运转的人、财、物实行有效的组织配置和有效使用的管理活动。为使机关能够正常、有序、高效运转，在机关内部，必须有相关的部门和人员对机关运转涉及的资产资源、设备设施、经费预算以及人员编配、手段工具等进行科学合理的计划、组织、指挥、协调、配置，这样才能保障机关主要业务工作的顺利开展。从这个意义上说，机关事务管理构成了政府行政管理的基础和前提。

2. 服务作用

机关事务管理的服务作用是指机关事务主体、客体及其关系都围绕服务工作展开，因服务工作而升华。具体来说，机关事务管理和机关其他职能相比较有一个显著特点，即主要围绕机关中心工作的顺利进行而展开。机关事务管理的主体是机关工作人员的一部分；机关事务管理的客体是机关资产、经费等具体工作对象；两者共同为机关及其工作人员服务。二者之间的关系是服务与被服务的关系，机关事务管理离不开服务，离开了服务就不称其为机关事务管理。所以，服务是机关事务管理的核心。

3. 保障作用

任何政府机关都是由若干职能部门的公职人员组成的，要顺利地开展业务工作，完成党和人民赋予的任务，无论是高级领导干部还是普通职工，都有赖于机关事务管理部门的保障和服务。做好机关事务管理工作，能够为机关和各部门提供可靠、充足和及时的保障，为业务工作的顺利开展奠定基础。机关事务管理做不好，则在机关工作的干部职工就会受到影响，进而影响到其他机关职能的发挥，甚至会导

---

① 王德：《机关事务管理思考与前瞻》，中国人事出版社2012年版，第23—25页。

致机关工作的停顿和瘫痪。因此,保障是机关事务管理的根本目标。

4. 效应作用

提高机关工作效率是政府机构改革的重要目标之一。在科学技术飞速发展的今天,机关工作效率高、运转快、指挥灵、决策果断,不仅可以产生良好的政治效果,而且意味着产生巨大的经济和社会效益。机关工作效率的高低以其时间利用、物质消耗和工作成效为衡量标准,时间利用少,物质消耗低,工作成效大,也就说明工作效率高。这对机关工作就有了一定的要求:一是时效,即工作要讲究及时性;二是质量,即不出差错和避免无效劳动;三是决策,即讲求科学决策;四是运转快捷,即不能扯皮推诿;五是大局观念,即不能因为个人行为影响全盘工作;六是节省,包括节省时间和物耗。机关事务管理与机关工作之间存在一种对应的关系:机关事务管理做得好,可以充分发挥机关事务中人、财、物的综合效能,促进机关工作效率的提高。也就是说,机关事务管理的好坏直接关系到机关工作效率的高低,既可以产生正效应,也可以产生负效应。

5. 窗口作用

无论对上还是对下,无论在系统内还是在系统外,机关事务管理部门是沟通四面八方的"窗口",如机关事务管理部门接待上级领导的视察、检查和兄弟单位负责人的考察访问以及处理各种公务往来等。外界对本单位、本部门的第一印象也往往通过机关事务管理部门的精神面貌、思想作风、管理水平与工作效率来评论。因此,在一定意义上说,机关事务管理的好坏关系到本地区、本单位干部职工的形象和声誉,关系到本单位事业的改革和发展。

6. 凝聚作用

机关事务管理与机关工作和职工生活紧密相关,是增强领导与群众联系的纽带,体现党和国家对职工的关怀,也是团结和带领全体干部职工一心一意干事业、团结协作谋发展的重要保证。机关事务管理工作做好了，就能将组织的关怀和关心送到职工的心里，帮助职工排忧解难，产生巨大的凝聚力和向心力，使职工更加热爱自己的本职工作，在平凡的岗位上做出不平凡的成绩。相反，机关事务管理工作做不好，特别是在住房配售、小区物业、餐饮服务、公务接待等方面没有处理好，轻则引发矛盾冲突，造成新的不稳定因素，重则造成人心涣散，失去凝聚力和向心力，影响到业务工作的开展和事业的顺利发展。

三、我国机关事务管理的发展规律和趋势

总结以往我国机关事务管理的发展规律可以发现，我国机关事务管理的发展一直是在提高保障能力和运行效能的根本目标的指引下不断向前推进和发展的。过去为了顺应我国的经济体制从计划经济到社会主义市场经济发展的转变需求，我国机关事务管理经历了三次大的改革，基本完成了体系构成和职能定位的阶段性发展。而在可预见的一段时期内，我国的机关事务管理工作将继续围绕提高保障能力和运行效能的根本目标，在推进国家治理体系和治理能力现代化的需求下，将工作的重点转向现代化体系和能力的建设上来。

（一）机关事务管理的发展规律

机关事务管理处在不断的变化发展之中。通过对我国机关事务发展历史的考察，由于不同时代的生产方式和社会环境存在不同，机关事务管理的内容、形式和手段也各不相同。从新中国成立前到新中国成立，从改革开放到社会主义市场经济体制的建立，我国机关事务管理经历了三次重大转变，这三次转变明确了机关事务管理的科学定位，彰显了机关事务管理工作着力点的转移，展现了当前和今后一段时期

内我国机关事务管理工作的重点和核心。①

1. 由政务、事务不分向政务、事务区分转变

第一次转变是由政务、事务不分向政务、事务区分转变。新中国成立前,在根据地、边区和解放区都设有不同类型的后勤管理部门。土地革命战争时期,中华苏维埃共和国临时中央政府设立总务厅以管理内部事务。抗日战争时期,各抗日根据地建立了抗日民主政权,都设有后勤管理机构并配备专门的工作人员。此后中共成立中央管理局,统一管理中央直属机构的机关事务工作。解放战争时期,各解放区都设有不同形式的后勤管理部门,为促进政治工作和生产运动,克服经济困难并最终取得解放战争的胜利创造了物质条件。新中国成立以后,由于政府管理工作点多面广、情况复杂,战时后勤保障体制已不适应新形势发展的需要。因此,中央人民政府设立了政务院机关事务管理局,专门从事中央行政经费概预算、全国性会议接待、大宗物资采购、公馆管理以及警卫、汽车、宴会、典礼等工作。1954年设立国务院机关事务管理局,作为国务院的直属机构,负责国家领导人的生活服务和安全警卫、中央级单位经费和财务管理、大型会议总务、有关人员接待、办公用房和宿舍的基建、调整、修缮以及机关所需汽车的管理、分配等工作。

至此,我国机关事务管理完成了第一次转变,这就是由政务、事务不分向政务、事务区分的转变。之所以发生这种转变,主要原因是:新中国成立前,由于中国共产党还是一个领导人民浴血奋斗、夺取革命政权的政党,所以在根据地、边区和解放区保障工作实行的是军政结合、军民结合、官民一体,着眼于搞生产、行节俭、聚资财,"一切为了部队,一切为了前线,一切为了胜利",实行战时大后勤服务保障模式,没有政务与事务之分,也没有条件将政务与事务工作分开。新

---

① 王德:《科学把握当前机关事务工作的定位与职能》,载《中国行政管理》2005年第1期。

中国成立后,由于中国共产党掌握了全国政权,工作重点转移到接管城市、恢复国民经济、稳定人民生活、建立新的人民政权上来,再加上政府工作内容复杂,保障工作千头万绪,特别是供给制的废除和等级工资制的实施,单纯的后勤工作转向制定保障政策、确立服务标准、拟定保障规划等方面,战时后勤开始向机关事务转变。在这种情况下,迫切要求将机关政务工作与机关事务工作分开。1950年,周恩来总理明确指出,政务院的工作是政务和事务两个部分,这两个部分要分开,不分开工作则难以搞好。党和国家领导同志也多次强调,战争时期,部队由司令部、政治部和后勤部构成,没有后勤部,无法保证革命战争的胜利。现在虽然是和平建设时期,但是没有后勤工作,机关队伍就不能稳定,机关工作也不可能搞好。因此,有国务院存在就有事务工作,有事务工作就应该有管理事务工作的单位。事务工作的存在有其客观性,与政务工作进行区分有其发生发展的历史必然性。①

2. 由管理、服务不分向管理、服务区分转变

第二次转变是由管理、服务不分向管理、服务区分转变。新中国成立初期,保障工作同时兼具服务和管理的任务,工作重点是保障供给、恢复生产、确保政权运转。由于当时国民经济尚处于恢复阶段,机关事务部门自办有多种不同形式的生产服务实体,担负着经济生产、物资流通、机关建设、经费保障等多项职能。20世纪50年代末,中央政府进行了服务社会化的改革尝试,剥离了经济生产职能,将自办的企业性质生产机构交由地方管理。但由于受到短缺经济的影响,时机不成熟,当时不具备管理与服务分离的条件,各部门又不得不重建企业性质生产机构以满足机关工作的需求,结果导致新一轮的重复建设。改革开放以来,特别是党的十五大以来,由于我国从计划经济向社会主义市场经济转变,思想解放、社会发展、经济繁荣、第三产业崛起,

---

① 薛晓峰主编:《机关事务管理与实践》,上海人民出版社2012年版,第10页。

机关事务部门承担的服务产品生产的任务转由社会同行业提供成为可能，机关事务部门按照管理、服务两个职能分开的要求，将工作重点转移到规范管理、强化保障、改进保障、改进服务、推进服务社会化等事项的条件已经具备。1983年6月，中共中央书记处第70次会议在讨论机构改革问题时指出，"服务工作社会化的问题，要逐步解决"，并提出了"三步走"的具体要求。1987年，中央国家机关后勤管理和服务部门开始按照行政编制和行政附属编制分开的办法，实施人员编制和经费的分类管理。为配合政府机构改革、职能转变和公务员制度的建立，1993年，中央国家机关按照管理、服务两个职能分开的要求，改革后勤机构，分流富余人员，开展两面服务，搞活服务经营，完善保障机制，初步突破传统体制的藩篱，使机关事务逐步由计划体制向市场体制转轨，由自我生产、自我消费的方式向社会化生产、商品化交换的方式转变。①

3. 由管后勤、办后勤不分向管后勤、办后勤区分转变

第三次转变是由管后勤、办后勤不分向管后勤、办后勤区分转变。在计划经济时期，由于生产社会化程度低，物资匮乏，管后勤与办后勤一体、管办不分有其历史必然性，也为社会主义革命和建设做出了贡献。但是，随着我国经济体制由计划经济向市场经济转变，物质财富快速增加，第三产业日趋繁荣，全国统一开放的市场体系、城乡社会化综合服务体系和新型社会保障体系逐步建立，这就要求机关事务管理部门按照社会化大生产和深化行政管理体制改革的要求，改变后勤管办不分、管办一体的模式。1998年，中央国家机关按照管办分开的思路，进一步深化后勤体制改革，规范规划职能和管理职能，强化宏观管理，理顺工作关系，加强工作监管，转变服务机制，促进服务联合。在1993年进行后勤机构改革、成立

---

① 薛晓峰主编：《机关事务管理与实践》，上海人民出版社2012年版，第11页。

机关服务中心、实行差额拨款的基础上，广泛建立后勤服务费用结算制度，改变财政关系，改革经费支付方式，实行分灶吃饭、合同结算，推动后勤服务经营单位内部劳动、人事、分配制度的改革，建立现代企业制度，促进服务的市场化、专业化、集约化和社会化，并在确立标准、完善制度、统筹资源、加强监管、搞活经营方面取得积极进展。各单位在推进管办分离的过程中，注意按照社会化大生产的要求，遵循市场规则和机关事务自身规律，引进市场机制，加强规划引导，实施宏观管理，规范机关事务管理程序和方式，妥善处理"管后勤"与"办后勤""管政策"与"管操作"的关系。不过，管后勤不是简单地对后勤服务实行行政管理，而是按照市场规律的要求，宏观上管住管好，微观上放开搞活，使后勤服务规范、有序；办后勤也不是简单地提供后勤服务，而是利用市场手段，运用市场机制，搞好后勤服务的生产和供给。①

（二）机关事务管理的发展趋势

从机关事务管理的三次重大转变可以看出，机关事务管理是一个与时俱进的发展过程，是一个"以不断提高保障能力和政府效能为根本目标"的发展过程。过去顺应我国社会主义市场经济体制发展的需求，经过三次大的改革，机关事务管理基本完成了体系构成和职能定位现代化的阶段发展。

作为国家治理的重要组成部分，机关事务的发展将继续围绕"提高保障能力和政府效能"的根本目标，将工作发展的重点转向治理体系现代化和治理能力现代化的建设上来。具体而言，紧密围绕党和国家的中心工作，以管理为基础，以服务为核心，以保障为目标，大力推进机关事务治理体系和治理能力的现代化水平；夯实职能化基础，彰显行业化特性，推进法治化治理，加快标准化建设，推广信息化应

---

① 薛晓峰主编：《机关事务管理与实践》，上海人民出版社2012年版，第12页。

用，提高社会化水平；不断创新管理体制、机制，使制度更加成熟定型，发展更有质量水平，各级党政机关和人民群众的获得感更加明显。[1]

1. 机关事务的职能化基础更加扎实

职能化是适应"善治"需要，实现政府职能结构"帕累托最优"的持续追求，是行政权力的科学化配置问题。针对过去机关事务职能化内涵不清晰、外延不确定、内容不准确、权责不明晰等问题，在职能化建设中必须严格落实《机关事务管理条例》的规定，坚持集中统一、分级管理的原则，保持渐进性、连续性和有序性，稳步夯实职能化基础。

具体而言，首先要统一机构，建立国家总局和省、市、县局的体制架构，建立从中央到地方的全面业务指导关系，统一行业标准和工作要求，确保体制统一、法制统一和政令畅通。其次要明确职能，将运行经费、机关用地、办公用房和设备、职工住宅、公务用车、政府采购、能源节约、公务接待、差旅会议、领导同志服务等确定为核心职能；将信息服务、车辆服务、物业服务、餐饮服务、幼教服务、会议服务、宾馆服务等确定为一般职能；将培训教育、精神文明、爱国卫生、绿化美化、计划生育、综合治理等确定为辅助职能。最后要处理好关系法定问题。注重用法律、法规界定机关事务部门与其他部门的关系，特别是涉及政府和部门间的职能划分、权力配置、利益分配和责任分担等问题的府际关系。

2. 机关事务的行业化特征更加彰显

我国后勤专业门类多。机关事务管理有其特有的专业门类和行业化特征，在推进治理体系和治理能力现代化的进程中必须彰显这些门类和特征，打造行业形象和行业品牌。

---

[1] 王德：《大力推进机关事务治理体系和治理能力现代化》，载《中国行政管理》2017年第3期。

具体而言，在行业规划方面，重点要在总体规划的基础上，尝试编制区域规划，加快完善专项规划和项目规划，建立规划检查落实机制和后评价制度，形成以规划统一意志，用规划引导工作，靠规划谋划发展的工作格局。在行业制度标准方面，建立科学规范、系统完善的保障制度，确保制度统一、标准统一、资源统筹、监管有力，建立定额完整、体系健全的工作标准，解决标准缺失、尺度不一、相互攀比、苦乐不均的问题。在行业学科方面，加强理论建设，着力建设和形成行业学科及其理论体系，解决学科缺失、政策缺位、人才不济、低层次低水平运行问题。在行业文化方面，以节俭效能为目标，着力打造先进的机关事务行业文化。在行业人才队伍方面，既要着眼于内部挖掘潜力提升培养能力，用专业的人干专业的事，也要善于引进和使用第三方力量，发挥外部智库和第三方机构作用，开展联合办学和双向培养。

3. 机关事务管理更加法治化

习近平总书记指出，法律是治国重器，法治是国家治理体系和治理能力的重要依托。推进法治化治理，需要机关事务部门主动融入国家治理体系和治理能力现代化进程，用法治思维思考问题，用法治方式深化治理。近年来，机关事务管理法治化取得积极成效，但在立法工作方面还存在层次低、领域窄、质量不高的问题。

针对这些问题，新时代机关事务发展要加强政府内部基础制度建设，妥善处理政府机关结构与规模、数量与功能、需求与供给、配置与效率等矛盾，推动政府由全能向有限、管制向责任、威严向亲民的转变，建设有限、法治、伦理的服务型政府。在法律层面，要研究制定"机关运行保障管理法"；在法规层面，要着手起草"政府成本管理条例"等行政法规；在制度标准层面，要加快制定和完善保障机关运行和职工生活的实物定额和相关标准，构建机关事务制度体系。

4. 机关事务标准化的建设速度加快

习近平总书记指出，我们要完善科学标准体系，发挥标准在后勤保障中的主导、调节、约束、控制功能，做到按标准搞供应，依制度抓管理，提高后勤管理科学化、法治化、精细化水平。标准化是现代化的基本要素，标准化对于机关事务管理具有深远意义。[①] 当前机关事务标准化还存在不够科学、不够合理、不够全面的问题。

在推进机关事务标准化建设中，要进一步落实《国家标准化体系建设发展规划（2016—2020年）》的要求，坚持政府引导、市场决定、标准先行、合力推进，坚持"量化、简化、固化、强化"的原则，在管理、保障、服务各领域，夯实工作基础，打造标准体系，推动标准实施，强化标准监督，提升标准化服务能力，建设具有适用性、综合性和前瞻性特点的标准体系。

5. 机关事务信息化运用得到推广

随着云计算、大数据、物联网等技术的广泛应用，充分运用信息技术改造传统机关事务管理模式，大力推进"互联网+机关事务"已经成为共识。由于缺乏总体规划和顶层设计，当前机关事务信息化建设过程中还存在着重建设、轻应用，实用性不强，重复投资和浪费严重等问题。

因此，在下一阶段的发展中，要以信息化驱动管理的现代化，以建设机关事务大数据为目标，着力增强机关事务信息化发展能力，提高应用水平。一方面，推动信息基础设施和网络安全协调发展，实现基础硬件、软件协调发展，电子政务内网、外网协调发展。另一方面，以信息化重点项目为依托，对接国家电子政务工程，深化机关事务信息化应用，完善信息化发展环境，努力实现业务信息上下贯通、左右联通和内外融通，推动信息系统全面发展，最终使信息化在机关事务

---

① 俞可平：《加强标准化建设以推进国家治理现代化》，载《社会科学报》2016年6月2日。

管理和政务服务中发挥更重要的作用。

6. 机关事务后勤服务的社会化水平不断提高

改革开放以来，我国机关后勤进行了持续性的改革，取得了积极成效，但总体上看，还存在社会化、市场化程度偏低等问题。为此，深化后勤服务社会化是下一阶段机关事务发展的重要工作。这要求坚持市场化和契约化导向，围绕供给侧结构性改革，结合事业单位分类改革和行业协会、商会脱钩，通过简政放权、放管结合、优化服务和管办分离，全面推进机关购买后勤服务，有效满足机关需求。要贯彻国务院办公厅《关于政府向社会力量购买服务的指导意见》的具体规定，鼓励各级机关优先向社会购买房屋养护维修类、办公家具养护维修类、公共设施设备类、环境卫生类、秩序维护类、绿化服务类、会议服务类、文印服务类、餐饮服务类、代办服务类等后勤服务。

第二章　机关事务管理面临的新局面

　　机关事务管理是一个历史性概念，随着时代的发展，其性质和职能内容也在不断发生变化，这是由特定历史阶段的历史条件所决定的。党的十九大报告已经明确提出，我国已经全面进入新时代，具体从三个方面阐述新时代：其一，从中华民族意义上来讲，中国特色社会主义进入新时代意味着近代以来久经磨难的中华民族迎来了从站起来、富起来到强起来的伟大飞跃，迎来了中华民族伟大复兴的光明前景。其二，从社会主义角度来讲，中国特色社会主义进入新时代意味着科学社会主义在21世纪的中国焕发出强大的生机活力，在世界上高高举起了中国特色社会主义伟大旗帜，也为世界社会主义事业做出了我们的贡献。其三，从世界广大发展中国家来讲，中国特色社会主义进入新时代意味着我们的道路、理论、制度、文化不断发展，拓展了发展中国家实现现代化的途径，给世界上那些既希望加快发展又希望保持自身独立性的国家和民族提供了全新选择，为解决人类问题贡献了中国智慧和中国方案。而这一切伟大成就的取得，都离不开广大人民群众的努力，离不开党的正确领导，离不开政府在其中发挥的重要作用。因此，为保障新时代政府机关进一步履职工作，机关事务管理显得更加重要，具有符合时代发展的特点，更高的站位，更明确的要求。

第一节 机关事务管理的内涵和外延

新时代机关事务管理是国家治理体系和治理能力现代化的重要内容，是全面深化改革的重要组成部分。着力解决机关事务改革中存在的问题，加强顶层设计的统筹与布局，与行政体制改革配套实施，减少和下放机关事务权力，努力推动"七化"落地生根。具体而言，一是治理法治化，二是保障标准化，三是服务规范化，四是管理精细化，五是机构职能化，六是手段信息化，七是评价绩效化。

一、治理法治化

所谓治理法治化，就是指在坚持党的领导、人民当家作主、依法治国有机统一的前提下，将机关事务管理纳入中国特色社会主义法治体系，在各级机关事务管理部门和各项机关事务管理工作中推进依法治理。

机关事务治理法治化的外延主要是指按照全面依法治国和全面从严治党要求，研究推动机关运行保障立法，强化机关运行保障的法律约束与法律支撑。研究制定、修订机关办公用房、公务用车、公务接待、公共机构节约能源资源等重点领域的部门规章。加快制定、修订机关事务管理及后勤服务制度标准，优化制度程序，提高制度建设质量，完善制度标准后评估和定期清理长效机制，基本形成相对完备的机关事务法规制度体系。推进依法管理保障服务。加强法治宣传教育，增强机关事务系统工作人员的法治意识和运用法治思维、法治方式解决问题的能力，严格依据法律、法规和相关规章、制度实施管理保障服务。坚持依法行政，切实履行法定职责，落实法治政府建设的各项目标要求。落实指导和监督职能，确保法治后勤建设取得实效。依法规范办事机构管理。

治理法治化的重点可在三个方面取得突破：（1）在机构运行保障方面，涵盖运行经费、机关用地、办公用房、公务用车、政府采购、办公家具和设备、公务接待等方面。（2）在职工生活保障方面，涵盖职工住房、国内差旅、出国境活动、工资福利、津贴补贴等方面。（3）在离退休干部及家属生活保障方面，涵盖居住区环境、适老化改造、看护中心、老年大学、困难救助、康复护理等方面。

二、保障标准化

标准化为机关事务管理确立了工作对象，关系到治理的工作目标和发展路径；标准化为机关事务管理提供依据，关系到治理的合目的性和合规律性；标准化为机关事务管理确立规范，关系到治理的制度化、流程化和规范化；标准化为评估机关事务管理提供量化指标，关系到治理的成本和绩效；标准化为机关事务管理提供测度基准和指标，为人们开展机关事务管理的国际国内比较，提供客观分析判断和综合评价依据。

所谓保障标准化，就是指将标准化的理念、原则、方法运用到机关事务管理与服务中，通过制定标准并付诸实施，达到质量目标化、方法规范化、过程程序化、管理精细化，从而获得最佳服务和管理保障效益的过程。

标准化的外延主要是指在工作重点和路径上，着力落实《机关事务管理条例》的规定，以实物定额和服务标准为突破口，建立定额完整、体系健全的工作标准，重点解决机关运行经费预算支出定额和开支标准，机关资产配置标准，办公用房建设、维修和物业服务标准，公务用车编制和配备标准，公务接待服务和开支标准，后勤服务项目和标准等，逐步形成标准体系。在基础工作和切入点上，要以机关运行经费为抓手，明确标准的制定主体、分类办法、实施方案和工作步骤，统一规划，顶层设计，合理分类，逐步形成工资福利类、资产构建类、劳务成本类、物资消耗类、计提费用类等标准体系，解决人员工资、津贴和补贴、资产设备购置、基础设施建设、会议培训差旅费、水电费、后勤服务费等问题，逐步构建符合机关运行和预算管理实际的预算支出标准体系。

三、服务规范化

服务规范化就是指按照国家和行业主管部门制定并发布的机关事务应达到的统一标准，要求从事该项工作（服务）的人员必须在规定的时间内按标准进行工作（服务）。机关事务服务规范化是为了推进机关事务规范化、制度化、数据化、科学化、有序化，对机关事务中现实和潜在可能的事务制定可共同使用和可重复使用的规范规则和制度条款的活动。一般来说，机关事务服务标准化包括标准的编制、发布和实施、监督检查等过程。[①] 机关事务服务规范化，可以为机关事务管理确立科学规范、明确运行依据、规定量化指标，从而提供评估基准，提升管理效能，提高服务品质。要树立程序意识，强调规范理念，形成规范流程，塑造规范行为，按照规范进行服务保障，建设一支忠诚、廉洁、高效的"正规军"。

2018年，国家机关事务管理局（以下简称国管局）制定并印发了《中央国家机关后勤服务指南》。《中央国家机关后勤服务指南》规定了中央国家机关办公设备维修保养服务、物业服务（含房屋养护维护、公用设施设备维护、保洁、绿化等服务项目）、安全保卫服务、印刷服务、餐饮服务、其他服务（含保留公务车辆维护保养服务/车辆保险、会议服务等服务项目）等纳入政府购买服务指导性目录的后勤服务项目的服务组织、服务人员、服务内容、服务要求和应急响应。中央国

[①] 王浦劬：《推进机关事务标准化 助力政府治理现代化》，载《中国机关后勤》2017年第3期。

家机关各部门、各单位可参照《中央国家机关后勤服务指南》组织提供或购买后勤服务。通过落实《中央国家机关后勤服务指南》推进中央国家机关后勤服务规范化、标准化，发挥服务标准作用，提升服务质量效益，并以指导性服务标准推动机关运行实物定额和经费预算标准出台，促进机关后勤服务改革和职能转变。

服务规范化要求着力推进机关事务规范化管理。积极适应政府行政职能转变和中央对厉行节约、反对浪费的新要求，结合工作实际，从完善体制、健全制度和标准、夯实工作基础入手，不断增强机关事务管理的力度和刚性。在公务接待工作管理方面，严格贯彻落实中央"八项规定"和有关规定的精神，进一步加强和完善公务接待任务审批、接待程序、经费开支等方面管理工作，强化和规范对公务接待工作的指导和监管。

四、管理精细化

管理精细化是源于发达国家的一种现代企业管理理念，本质意义就在于它是一种对战略和目标进行分解、细化和落实的过程，是让企业的战略规划能有效贯彻到每个环节并发挥作用的过程，同时也是提升企业整体执行能力的一个重要途径。它是社会分工精细化、服务质量精细化对现代管理的必然要求，是建立在常规管理的基础上，并将常规管理引向深入的基本思想和管理模式，是一种以最大限度地减少管理所占用的资源和降低管理成本为主要目标的管理方式。

管理精细化要求改变机关事务管理的粗放型管理模式，逐步深入推进精细化管理，求精求准、求细求实，使管理工作更加具体、更加符合实际、更加具有针对性。推行精细化管理，重点是实施管理流程再造，分解管理环节，细化目标任务，做到精准规范、简捷高效。聚焦机关运行的重点领域、关键环节，采取精准举措，提供有效保障，提高管理效率。落实"放、管、服"改革要求，针对行政许可、公共服务事项等制定管理细则，明确工作内容、办事流程、办理时限、评价反馈等，实施全过程、全方位精细化管理。针对餐饮、物业、会务等服务领域的合理需求，细化服务规范，优化服务体验。

五、机构职能化

职能化本质上是分工化、专业化、部门化，即专业机构做专业的事情。职能化是适应"善治"需要、实现政府职能结构"帕累托最优"的持续追求，包括机构内与机构外两个维度。机构内职能化是指基于权力与义务关系的政府在不同层级、不同部门、不同辖区之间的职能向好性调整，即政府内部既有权力的重新分配，不涉及政府公共权力边界问题。机构外职能化是指基于政府行政权力边界重新廓清的职能向好性调整，即对政府与社会、市场以及公民权利关系的调整。机构职能化本质上是行政权力的科学配置问题，这种配置既包括组织内既定行政权力的科学化配置，也包括多元公共主体公权边界的重新配置。其中，重点关注的是组织内既定行政权力的科学化配置问题。①

机构职能化要求加强机构职能化的外延，深化机关事务管理体制改革研究，加快建立健全集中统一、资源统筹、集约高效的现代机关事务管理体制。加快推进机关事务系统职能建设，明确中央层面的职能分工，在省一级机关通过制定省级机关事务管理办法、完善修订"三定"方案等途径，依法推动机关事务管理部门健全和规范办公用房、公务用车、公共机构节能和机关后勤管理等基本职能，探索和拓展机关用地、住房保障、住房资金管理等职能领域，逐步厘清职责边界，推动机关事务管理职能、权限、程序、责任法定化。进一步加强机关事务系统调查研究、经验交流、业务指导，建立健全工作信息共

---

① 王德：《大力推进机关事务系统机构职能化建设》，载《中国机关后勤》2017年第1期。

享机制。这些举措都有利于优化资源配置，降低行政成本，有利于统一政策标准，解决部门之间苦乐不均问题。

六、手段信息化

手段信息化是指通过使用现代通信、网络、数据库等技术提高各种工作的效率。机关事务信息化建设是现代后勤管理的重要组成部分，是促进机关事务管理科学发展的重要手段，是关系机关事务管理总体改革发展的战略举措。

为进一步提升机关事务管理工作的信息化水平，应推进"互联网＋机关事务"建设，利用信息技术及互联网平台，促进互联网与机关事务管理的深度融合。统筹规划机关事务管理信息系统建设，有计划、分步骤推进机关财务、资产、房地产、公务用车、公共机构节能等业务信息系统建设，推动形成统一的业务协同管理、信息资源共享平台。配合机关事务管理的要求，推进大数据在机关事务管理中的应用，建设统一的机关事务数据中心，并推进机关事务数据共享开放。提升办公自动化建设水平，提高档案管理信息化水平。加强信息安全管理，强化信息系统分级保护和等级保护的保密安全防护措施，提升信息安全管控和运维管理水平，确保网络、应用系统和数据安全。

七、评价绩效化

评价绩效化是内部管理改革的主要抓手。所谓绩效，是指一个组织或个人在一定时期内的投入产出情况：投入指的是人力、物力、时间等物质资源，或个人的情感、情绪等精神资源；产出指的是工作任务在数量、质量及效率方面的完成情况。评价绩效化则是指在明确工作目标和计划的前提下，找到衡量工作成效的指标体系并进行监测。也就是说，发现做得好的地方进行奖励，使其继续保持或者做得更好，能够完成更高的目标；发现做得不好的地方，通过分析找到问题所在，不断升级，使工作做得更好。

实施绩效化评价要求机关事务管理强化成本效益意识，围绕职责履行、目标实现、运行机制等，对机关事务实施绩效评价，以机关事务效能提升促进政府效能提升。同时，要增强责任意识和绩效观念，促进廉洁政府和高效政府建设。结合机关事务管理特点，会同有关职能部门设计科学、合理的评价指标体系，制定简便易行的评价标准和评价方法，在机关运行经费、国有资产管理、公共机构节能等领域率先实施，逐步向其他业务领域拓展。此外，要探索绩效评价中引入第三方专业机构。具备条件的地区要积极推动把机关事务纳入地方政府绩效考核指标体系。

第二节　政策文件和批示精神

2020年是决胜全面建成小康社会的收官之年。习近平总书记就全面深化改革发表了一系列重要论述，从改革的目标、动力、方法论和保障等方面，进一步丰富、拓展和深化了改革理论。深入学习贯彻习近平新时代中国特色社会主义思想，建设机关事务工作改革理论，是今后管理保障服务各项工作创新发展的基础。[①]

习近平总书记在中央军委后勤工作会议上指出，要加强后勤建设战略筹划和指导，研究现代后勤保障机理，在战略筹划、顶层设计、理论研究上下功夫，大力推动后勤现代化。机关事务工作是国家治理的重要组成部分，在统筹推进"五位一体"总体布局和协调推进"四个全面"战略布局的进程中，要深入学习贯彻习近平总书记重要指示精神，大力推进机关事务治理体系和治理能力现代化，夯实职能化基础，彰显行业化特性，推进法治化治理，加快标准化建设，提高社会

---

① 陈庆修：《构建机关事务工作理论支撑体系》，载《前线》2017年第9期。

化水平，使制度更加成熟定型，发展更有质量水平，各级党政机关和人民群众更有获得感。李克强总理也指出，机关事务工作的根本要求是要为机关高效运转服好务、为经济社会管理服好务、为人民群众服好务。

当前和今后一个时期机关事务工作的总体要求是：全面贯彻党的十九大和十九届二中、三中、四中全会精神，以习近平新时代中国特色社会主义思想为指导，坚决贯彻落实党中央、国务院决策部署，认真落实李克强总理关于机关事务工作的重要批示精神，坚持新发展理念，落实高质量发展要求，把握新时代机关事务工作的新任务新要求，积极推进机关事务管理体制改革，抓好专项任务落实，强化机关事务标准化、信息化建设，增强发展动力、夯实工作基础，着力提高保障质量和效益，研究国家治理体系和治理能力现代化下的机关事务工作改革发展，实现机关事务管理工作改革创新发展的重大突破。

一、推动机关事务工作的改革创新发展

将"放、管、服"改革理念更好地贯彻到机关事务工作中，从而推动机关事务工作的改革创新发展。深入学习研讨习近平总书记在党的十九大报告中有关推进"放、管、服"、提升机关效能、建设服务型政府的重要论述，对于推动机关事务工作改革创新发展具有重要意义。党的十八大以来，以习近平同志为核心的党中央从战略和全局高度出发，将"放、管、服"作为全面深化改革的"先手棋"、转变政府职能的"当头炮"，并做出了一系列重要部署。各地区、各部门深入落实党中央决策部署，在改善服务环境、加强服务效率、释放市场活力、推动职能转变、减少权力寻租等方面取得突破性成就，积累了一批可复制推广的经验。党的十九大报告明确提出"中国共产党人的初心和使命就是为中国人民谋幸福，为中华民族谋复兴""中国特色社会主义进入新时代，社会主要矛盾已经转化""全面深化改革总目标是完善和发

展中国特色社会主义制度、推进国家治理体系和治理能力现代化""建设现代化经济体系""建设人民满意的服务型政府""持之以恒正风肃纪""增强干部队伍适应新时代中国特色社会主义发展要求的能力""坚持党对一切工作的领导"等论述,必须准确把握这些新论述、新部署、新要求,并将其作为推进"放、管、服"的根本准则。

机关事务工作紧紧围绕中心、切实服务大局,就是要将推进"放、管、服"作为贯彻落实党的十九大精神的重要内容,教育、引导机关事务干部牢固树立"四个意识",站稳人民立场,强化责任担当,增强改革韧劲,为推动"放、管、服"改革向纵深发展提供坚强的思想、政治和组织保障。要深入学习研讨、提高思想认识,转变工作作风、勇于担当作为,抓好业务培训、坚持素质强身,加强执纪问责、确保干净廉洁,切实服务好"放、管、服"改革,助力推进国家治理体系和治理能力现代化,为决胜全面建成小康社会、夺取新时代中国特色社会主义伟大胜利、实现中华民族伟大复兴的中国梦、实现人民对美好生活的向往做出新的更大贡献。

为此,要不断深化机构改革,推进职能转变,建设高素质的机关事务人才队伍,提高工作效益、效率,全面提高政府效能。优化政府机构设置和职能配置,深化机构改革,形成职责明确、依法行政的政府治理体系,增强政府公信力和执行力。机关事务管理人员要提高政治素质和工作本领,求真务实,干字当头,干出实打实的新业绩,干出群众的好口碑,干出千帆竞发、百舸争流的生动局面。

二、推进机关事务法治化建设

推进机关事务法治化建设,完善法律、法规、制度体系,健全科学、民主、依法决策机制,提高依法行政水平。党的十八届四中全会审议通过的《中共中央关于全面推进依法治国若干重大问题的决定》(以下简称十八届四中全会《决定》)指出,各级政府部门必须坚持在党的领导下、在法治轨道上开展工作，加快建设职能科学、权责法定、执法严明、公开公正、廉洁高效、守法诚信的法治政府。以学习和落实十八届四中全会精神为契机，深入推进机关事务依法行政，加快机关事务法治建设，既是全面推进依法治国、建设法治中国的客观要求，也是提高机关事务工作自身建设和管理水平的现实需要。为此，各级机关事务工作部门要依法全面履行政府职能，推进机构、职能、权限、程序、责任等法定化，进一步推行政府权力清单制度。完善依法行政的制度，坚持用制度管权、管事、管人，严格依照法定权限和程序履行职责，确保法律、行政法规有效执行；加强对重大决策部署落实、部门职责履行、重点工作推进以及政府自身建设等方面的考核评估，加强行政问责，健全纠错制度，不断提高政府的公信力和执行力。十八届四中全会《决定》指出，要健全依法决策机制，把公众参与、专家论证、风险评估、合法性审查、集体讨论决定确定为重大行政决策法定程序，建立行政机关内部重大决策合法性审查机制，建立重大决策终身责任追究制度及责任倒查机制。十八届四中全会《决定》指出，要深化行政执法体制改革，健全行政执法和刑事司法衔接机制。深化行政执法体制改革，要完善行政执法体制，以建立权责统一、权威高效的行政执法体制为目标；完善行政执法程序，制定具体执法细则，规范裁量标准和操作流程；坚持严格规范公正文明执法，依法惩处各类违法行为，加大关系群众切身利益的重点领域执法力度，建立健全行政裁量权基准制度，全面落实行政执法责任制。十八届四中全会《决定》指出，要强化对行政权力的制约和监督，完善纠错问责机制。强化对行政权力的制约和监督，必须加强党内的监督，健全党内的各种监督措施，包括述职述廉制度、重大事项报告制度、个人收入申报制度、廉政档案制度、民主评议制度等；提高权力监督机构的地位，重点确立人大法治监督的核心。

推进机关事务法治化建设，要严格遵守宪法、法律，加快建设法治政府，把政府活动全面纳入法治轨道。全面推进政务公开，坚持科学、民主、依法决策，凡涉及公众利益的重大事项，都要深入听取各方意见包括批评意见。

三、加强机关事务信息化建设

加强机关事务信息化建设，重点是优化机关事务公共服务。党的十九大报告指出，全面增强执政本领……善于运用互联网技术和信息化手段开展工作。加强机关事务信息化建设已经成为提高党的执政能力的重要手段。近些年来，随着我国《政府信息公开条例》的实施，信息公开对党政机关的信息化建设提出了更高的要求，电子政府从以基础建设、系统建设为主，进入到以公众业务应用系统建设为主的阶段。

随着社会信息量的迅速膨胀，继续依靠人工手段及时对大量信息进行收集、处理、分析及科学决策的做法已经捉襟见肘。而信息技术能让工作人员从繁杂的办公事务中解放出来，通过统一的办公规范，减少人工操作环节，提高工作效率，降低行政运营成本。而且，通过对信息系统中资料、信息的全面管理与共享，能适时输出有关数据统计，供领导者决策参考。同时，信息化的规范集中、高度透明，对政府机关的廉政建设也具有重要意义。深入推进"互联网＋政务服务"，使更多事项在网上办理，必须到现场办理的事项也要力争做到"只进一扇门""最多跑一次"。加快政府信息系统互联互通，打通信息孤岛，是优化机关事务公共服务水平的必然要求。

当前正是机关信息化建设的重要历史机遇期，因此，应当加快信息化建设以提高机关事务效能，建设机关事务管理信息化平台，利用新技术将机关事务管理工作推上一个新台阶。

四、加强机关事务文化建设

加强机关事务文化建设，重点是深入开展机关事务管理部门精神文明建设。文化建设是一个单位综合实力的重要组成部分，是衡量全体干部职工政治素质、人文素质、业务水平、服务能力的重要标志，是凝聚人心、激发斗志、营造氛围的重要工程，是提高工作执行力、提升单位形象的重要途径。为此，机关事务管理也必须立足于提升国家机关事务部门的精神风貌。

党的十八大以来，习近平总书记坚持"两手抓、两手都要硬"战略方针，提出了一系列新思想、新观点、新要求，强调只有物质文明建设和精神文明建设都搞好，国家物质力量和精神力量都增强，全国各族人民物质生活和精神生活都改善，中国特色社会主义事业才能顺利向前推进。实践表明，精神文明建设对于构筑中国精神、中国价值、中国力量，对于提升人民思想觉悟、道德水准、文明素养和全社会文明程度，都具有重要意义。站在新的历史起点，我们要坚持以习近平新时代中国特色社会主义思想为指引，更加自觉地将精神文明建设放到"五位一体"总体布局中来谋划和推进，贯穿决胜全面建成小康社会、开启全面建设社会主义现代化国家新征程的全过程。在社会生活各方面锲而不舍地抓好精神文明建设，为谱写新时代中国特色社会主义实践新篇章提供强大的精神力量和丰润的道德滋养。

此外，还要大力弘扬中华优秀传统文化，继承革命文化，发展社会主义先进文化，培育和践行社会主义核心价值观，加强思想道德建设和群众性精神文明创建，推动社会文明程度与现代化建设进程相适应，实现社会文明程度的持续提升。

第三节 机关事务管理面临的新趋势

为使机关事务管理更加符合新时代的要求，彰显新时代特征，就必须要迎合新时代的新问题。新时代为机关事务管理提供了新思想、新理念、新机遇、新挑战，这就要求机关事务管理必须顺应新时代趋势，在新时代引领下加快机关事务管理改革，以此促进机关事务管理更好的发展。

一、机关事务管理面临的新思想

思想先行是事业成败得失的前提。党的十九大将习近平新时代中国特色社会主义思想确立为全党必须长期坚持的指导思想。做好机关事务管理工作，要学习贯彻好党的十九大精神，深刻理解、把握这一指导思想的科学体系、精神实质，引领机关事务管理工作的价值观念、道德规范和行为准则的创新发展，认真履行"管理、保障、服务"的职能，建设与我国国情、发展阶段相适应的新时代机关事务管理，实现保障党政机关高效运转、降低行政成本、促进廉洁高效的根本目标，不断开创机关事务管理的新局面。

新时代机关事务管理要提升新站位，必须找准发展方向。要进一步树立"服务是机关事务生命线"的意识，明确"集中统一"是理顺体制、提高效能的新常态，"法治管理"是依法行政、依法办事的新常态，"智慧保障"是转变工作方式、提高工作效率的新常态，"改革创新"是推动发展、提升保障水平的新常态。机关事务管理部门要正确认识和准确把握新时期机关事务管理工作的新问题、新任务，在国家治理体系和治理能力现代化大背景下思考、筹划、布局、破题，掌握主动权、打好主动仗，切实将治国理政的新理念、新思想、新战略转化为机关事务管理的生动实践，使国家机关事务管理更高效、更科学、更规范，为开创国家机关事务管理的新局面做出自己应有的贡献。

习近平总书记指出："面对经济社会发展新趋势新机遇和新矛盾新挑战，谋划'十三五'时期经济社会发展，必须确立新的发展理念，用新的发展理念引领发展行动。"① "发展理念搞对了，目标任务就好定了，政策举措也就跟着好定了。为此，建议稿提出了创新、协调、绿色、开放、共享的发展理念，并以这五大发展理念为主线对建议稿进行谋篇布局。"② 这五大发展理念是改革开放40多年来我国发展经验的集中体现，是"十三五"时期乃至更长时期我国发展思路、发展方向、发展着力点的集中体现，对破解发展难题、增强发展动力、厚植发展优势具有重大指导意义。

以习近平同志为核心的党中央的治国理政思想，以理想信念为引领，把握规律，谋划战略布局，不仅具有丰富的内容，而且具有以下显著特点：

一是以人民为中心的思想观念。党的十八大以来，习近平总书记创新发展了我们党对于"人民""群众""人民群众"的深刻认知，对以人民为中心作出了一系列新论断。习近平总书记提出："人民对于美好生活的向往，就是我们的奋斗目标。"在党的十八大报告首次概括的"夺取中国特色社会主义新胜利的基本要求"中，第一条就强调"坚持以人民为主体"。在党的十八届五中全会提出的制定"十三五"规划的建议中，"坚持人民主体地位"也是必须遵循的第一条原则。党的十九大报告指出，我国社会主要矛盾已经转化为人民日益增长的美好生活需要和不平衡不充分的发展之间的矛盾。由此可见，"以人民为主体"是习近平总书记治国理政思想的基本原则，是总书记在治国理政中处

---

① 习近平：《关于〈中共中央关于制定国民经济和社会发展第十三个五年规划的建议〉说明》，载人民网：http://cpc.people.com.cn/n/2015/1104/c64094-27773638.html，访问日期：2019年11月7日。

② 同上。

理各种复杂问题的出发点和落脚点。

坚持以人民为中心的发展思想,以创新、协调、绿色、开放、共享的发展新理念,适应、把握、引领经济新常态,保持国民经济持续健康发展。当前的重点是推进供给侧结构性改革,以适应经济新常态。这是我们治国理政的中心任务,也是包括机关事务管理等各项工作的重要指导原则。

二是制度现代化和人的能力现代化相结合的思想观念。在社会主义建设问题上,过去我们强调人的因素是决定性因素,后来提出制度是根本。在对历史经验总结的基础上,我们进一步认识到,国家建设和治理应该把制度的因素和人的因素结合起来。在习近平总书记主持制定的全面深化改革纲领中,我们强调的制度现代化目标,包括既要推进"国家治理体系现代化",又要推进"治理能力现代化"。因为如果只有制度的变革而没有人的能力的提升,制度的完善和发展、治理体系的现代化都有可能成为一纸空文,所以,我们要把国家治理体系现代化与国家治理能力现代化统一起来推进。事实上,在习近平总书记的治国理政思想中,始终是把制度现代化与人的现代化包括人的素质、能力和价值观建设结合起来推进的。机关事务管理也必须以追求制度的现代化和服务管理者的现代化为目标。

三是改革创新的思想观念。改革创新是发展源动力。党的十九大报告提出,要继续深化供给侧改革,加快创新型国家建设,以创新能力支撑现代化经济体系建设。新则活,旧则板;新则通,旧则滞。创新发展理念是方向、是钥匙,创新是引领发展的第一动力。新时代面临新任务,新时代经济进入新常态;新时代,我国社会主要矛盾产生新的变化。完成新时代赋予我们的使命,引领新时代经济发展,解决新时代社会主要矛盾,唯不断改革,不断创新一条路而已。

关于抓好创新,党十九大报告提出:"要瞄准世界科技前沿,强化基础研究,实现前瞻性基础研究、引领性原创成果重大突破。加强应用基础研究，拓展实施国家重大科技项目，突出关键共性技术、前沿引领技术、现代工程技术、颠覆性技术创新……培养造就一大批具有国际水平的战略科技人才、科技领军人才、青年科技人才和高水平创新团队。"① 贯彻党的十九大报告精神，就要求敢于打破思维定式、冲破观念障碍，这样才能跳出老套路、旧框框；要善于抓住时机，瞄准世界科技前沿，全面提升自主创新能力；要以更开放的视野引进和集聚人才，加快集聚一批创新领军人才，厚植创新人才成长的土壤，才能夯实创新发展的智力根基，用人才驱动实现创新驱动。机关事务管理也必须在树立创新思维的基础上，培养善于进行现代化管理的专业队伍。

二、机关事务管理面临的新理念

通过认真学习党的十九大精神可以充分体会到，新时代必然带来新的思想观念、新的生活方式和新的服务需求。机关事务管理工作只有顺应潮流、开阔眼界、拓展思维、破旧立新，才能不断赋予服务保障工作以新意，才能不断开拓服务新思路和管理新手段，才能不断提高机关事务管理部门的服务和保障能力，争取各级领导和部门的支持，得到各级机关干部和职工群众的认可。

为此，必须牢固树立和贯彻落实创新、协调、绿色、开放、共享的发展理念，将新的发展理念贯穿于机关事务管理工作的各领域、各环节。

（一）坚持创新理念，增强机关事务管理的发展动力

具体而言，把创新作为引领发展的第一动力，摆在发展全局的核

---

① 习近平：《决胜全面建成小康社会 夺取新时代中国特色社会主义伟大胜利》，载人民网：http://politics.people.com.cn/n1/2017/1028/c1001-29613514.html，访问日期：2019年11月7日。

心位置。培育创新精神，强化成本意识、绩效意识、质量和风险控制意识。推进体制、机制创新，进一步完善统一集中、资源统筹、集约高效的管理体制，健全职责法定、运转协调、监督有力的运行机制。推进管理理念创新、技术创新、模式创新，积极将大数据、移动互联网、物联网等新技术、新应用引入机关事务管理领域，实现技术与管理保障服务的有效结合。

（二）坚持协调理念，推动机关事务管理均衡发展

具体而言，把协调作为持续健康发展的内在要求，正确处理发展中的重大关系。协调处理好管理、保障、服务的关系，统一集中管理与分级分层分类管理的关系，管理本级与指导下级的关系，集约节约与高效保障的关系，运用行政手段与发挥市场作用的关系等重大关系，统筹推进机关事务管理各地区、各层次、各环节协调发展。

（三）坚持绿色理念，推动机关事务管理持续健康发展

具体而言，把绿色作为永续发展的必要条件，坚持可持续发展。进一步厉行节约、反对浪费，集约节约利用资金、资产、能源资源，严格控制机关运行成本，开展绿色建筑、绿色办公、绿色出行、绿色采购、绿色食堂等行动，大力培育绿色节俭效能的机关文化和绿色健康的工作生活方式，充分发挥党政机关在绿色中国和生态文明建设中的示范带头作用。

（四）坚持开放理念，推动机关事务管理升级发展

具体而言，把开放作为发展的必由之路，坚持实施开放带动战略。进一步开放机关服务市场，充分发挥市场机制在机关服务保障资源配置中的重要作用。加强职能部门之间的沟通交流与业务协同，开展多向交流合作，充分借鉴国内外机关运行保障先进经验。稳步推进机关事务管理政务公开，建立健全开放载体平台。

(五）坚持共享理念，提升机关运行服务保障效能

具体而言，把共享作为服务保障事业发展的本质要求，坚持成果共享。建立健全机关服务保障资源共建、共享机制，推动同级党政机关单位之间共用服务保障资源，打破小而全、大而全的后勤服务保障传统，发挥规模效应，提高保障效能。

三、机关事务管理面临的新机遇

机关事务管理是国家治理体系的重要组成部分，要在优化体制、机制中完善治理体系，在履职尽责中提升治理能力，在改革创新中展现新形象、干出新作为、开创新局面。进入新时代，国家机关事务管理既是国家治理体系和治理能力现代化的重要组成部分，同时也是推进国家治理体系和治理能力现代化的重要力量。因此，在国家治理现代化视野下，新时代机关事务管理迎来了新的发展机遇，同时在推进国家治理体系和治理能力现代化中也大有可为。

（一）机遇一：机关事务管理在国家治理能力现代化中大有作为

机关事务管理是国家治理能力现代化的重要组成部分。机关事务管理治理体系和治理能力现代化是国家治理能力现代化的必然要求。通过机关事务管理改革来推动政府职能转变，是提高政府治理能力的关键所在。建立权力清单、负面清单和责任清单，合理界定政府的权责范围，规范政府行为，制约公共权力。

顺应国家治理体系和治理能力现代化战略，稳步推进机关事务管理工作的现代化进程，扎实推进机关事务"七化"建设，着力实现机关事务管理的标准化和信息化建设，打造"互联网＋机关事务"数据平台，加快实现机关事务精细、动态、智能服务管理，提升机关事务管理业务水平和保障服务能力，为实现经济社会绿色发展、科学发展、加快发展提供更加有力保障。

（二）机遇二：机关事务管理在廉政建设中大有可为

贯彻落实中央"八项规定"精神，就是要牢固树立廉政建设意识，坚定不移地纠正"四风"。这就要求加强机关事务管理的改革，强化监督职责，在公务用车、办公用房、公务接待、节能减排等机关事务管理工作中加快出台详细的制度规范，并严格执行。用机关事务改革管理来逐步实现政府的廉政高效工作，发挥机关事务管理在推动廉政建设全流程监督和长效机制建设中的关键作用。

（三）机遇三：机关事务管理在党政工作前瞻规划领域大有可为

前瞻性是机关事务治理能力现代化的必然要求，也是国家治理能力现代化的必然前提。只有做到前瞻性，才能为党政机关的高效运行提供更加有力的保障。特别是在我国改革进入新阶段，行政机构改革方兴未艾，各级党政机关都有新的调整、新的部署。在这种情况下，机关事务管理更需要加强统筹规划和前瞻部署，一方面可以确保党政机关改革的顺利推进和高效运行，另一方面可以避免资源重复分配和浪费现象。抓住这个机遇，要求机关事务管理牢牢把握中央大政方针，统一全局思想，根据相关部门未来几年的工作规划、年度计划和重点任务，认真做好机关事务管理的工作规划。

四、机关事务管理面临的新挑战

经过了几十年的改革发展，我国的机关事务管理取得了一系列的成效，建立健全了相关组织机构，大幅削减了行政审批事项，优化了审批流程，并结合简政放权举措，推动政府职能转变，极大地提高了机关事务的工作效率，推动了国家治理体系和国家治理能力的提高。但是随着改革的进一步深入，改革愈发触及核心难题，改革的难度不断增大，矛盾和问题日益凸显。因此，在看到改革过程中取得重要成果的同时，还应该对存在的问题和面临的挑战保持清醒的认识。

（一）挑战一：机关事务改革的顶层设计力度不够，机构设置和职能配置优化不够

改革开放以来，随着市场经济的不断发展，经济建设、政治建设、文化建设、社会建设、生态文明建设都处于变化之中，相应的政府各部门之间的职能也发生了转变。对于机关事务而言，过去单纯的生产、服务职能正在逐步转向政策、标准制定和监管的职能。这就要求机关事务必须适应自身历史责任和职能变化的需求，调整自身定位和机构设置。[①] 从目前来看，机关事务改革的关键在于顶层设计，从顶层设计上理顺机关事务部门的机构设置与职能配置，确保改革方向不偏离、改革任务不落空，深入研究机关事务工作改革与其他领域改革的关联性，使各项改革举措在政策取向上互相配合、在实施过程中相互促进、在实际成效上相得益彰。

（二）挑战二：机关事务改革的内容、标准以及方向不够明确

由于缺乏中央政府的顶层设计，我国机关事务改革的方向、内容和标准还不够明确，很多事项的改革只注重表面的形式化改革而不是深层次的变革，没有明确的方向和标准，就难以开展机关事务改革的相关工作。

（三）挑战三：机关事务改革与政府机构改革脱节

当前面对新时代、新任务提出的新要求，机关事务的机构设置和职能配置同深化党和国家机构改革的要求还不完全适应。机关事务部门与财政、发改委、住房和城乡建设、自然资源等相关部门的机构重叠、职责交叉、权责脱节问题还比较突出；政府采购、经费管理、资产管理等方面的机构设置和职责划分不够科学，职责缺位和效能不高问题凸显，政府职能转变还不到位；机关事务相关事业机构的定位不

---

① 2019年国家机关事务管理局工作报告：《在全面深化改革中推动机关事务工作高质量发展》。

准、职能不清、效率不高等问题依然存在；一些涉及部门利益的事务权力运行制约和监督机制不够完善；机关事务部门机构编制管理方式有待改进。

机关事务改革是我国行政体制改革的重要内容，通过机关事务改革可以有效实现政府职能转变，通过简政放权可以实现政府内在职能角色的转变。机关事务机构改革是机关事务改革的基础，是一种外在组织形式的转变，精简机构、缩减人员为机关事务改革提供有效的执行主体。改革是一个系统性的工程，需要多方协调，因此，机关事务改革需要与机关事务机构改革配套进行，从而提高改革的协调性，两者协同推进。

（四）挑战四：现代化管理能力不足，效能有待提升

服务指标体系的构建尚不完善，体系标准化、管理精细化不足。标准化、精细化是机关事务管理高质量发展的客观需求，而落实高质量发展要求的关键在于建立推动机关事务管理高质量发展的指标体系、标准体系、统计制度、评价办法等。当前，机关事务部门应当加快推进现代机关事务标准化体系的编制，推动实现更高质量、更有效率、更加公平、更可持续的机关事务管理发展方式。

（五）挑战五：机关事务的相关法律、法规阻碍各地试点与探索

在机关事务实践中，很多与机关事务相关的法律、法规已不能适应市场经济的发展，但是目前没有做出及时调整，阻碍了机关事务相关工作的进程。这一负面作用在地方试点工作推进方面表现得尤为明显。由于各地的具体情况不同，但目前相关的法律、法规在全国范围内做出了统一的强制性规定，很容易成为地方推动机关事务改革并进行试点以及探索创新的障碍。

因此，应当鼓励地方政府大胆进行机关事务的创新与尝试。由于各地的具体情况不同，全国不能"一刀切"，应当鼓励有改革需求的地方政府先行先试，不断创新，总结经验与教训。这就需要中央政府进行

授权，允许具备相关条件的地方政府进行先行尝试，对机关事务事项、审批程序等进行适当调整，释放改革活力。同时需要对机关事务的实施加强监管，建立多元的监管体系，立法监督、司法监督、舆论监督和公民监督等协调联动，并建立健全相关惩戒机制，增加违法成本，以确保机关事务制度改革的落实和实施。

第四节　机关事务管理的新定位

探讨机关事务管理的职能定位问题，首先要认识机关事务管理的特殊性。一方面，机关事务部门根据政府政务活动的需要，为政府高效运转提供管理、保障、服务；另一方面，机关事务部门通过对政府内部事务的有效管理，规范政府自身行为，促进政府自身科学化建设。与一般的政府职能部门不同，机关事务管理部门的工作对象是各党政机关，具有明显的内部性。李克强总理指出，机关事务管理要为机关高效运转服好务、为政府管理经济社会服好务，进而为人民群众服好务。这就说明机关事务管理部门的价值体现具有间接性，它不直接生产公共产品，但却为政府生产公共产品提供必要保障。因此，机关事务的职能定位也必然是围绕提高政务服务保障能力、加强政府自身建设展开的。

探究新时代机关事务管理的职能定位必须明确新时代政府自身建设的目标，进而研究机关事务部门能够和应该发挥什么作用，体现出何种价值。具体而言，新时代机关事务管理的职能应该体现"四个定位"。

一、政务服务保障的主力军

"服务"始终是机关事务管理的基本职责，全力保障党政机关高效运行是机关事务管理的核心。我国机关事务管理的发生、发展是伴随着政府工作的变化而进行的。就机关事务管理的发生、发展的历程看，主动顺应形势变化进行社会化改革，是适应时代变化做好机关事务管理的必需选择。但是无论如何变革，政务保障主力军的角色地位始终没有发生变化，它始终是围绕着党和国家开展工作，并根据党政机关作用和职能的需要完成其服务保障以及管理任务。正如李克强总理在中央和国家机关事务工作先进集体先进工作者表彰大会上所指出的，机关事务管理是党和国家行政工作的重要保障，是党和国家行政工作的重要一环。① 近年来为了顺应社会主义市场经济的要求，我国各级政府的职能也在不断转变，以往无所不能、无所不管的管制型、全能型政府正在朝着"创造良好发展环境、提供优质公共服务、维护社会公平正义"的公共服务型政府不断改进。这就要求机关事务管理也要深入研究公共服务型政府建设的特点和需要，进行适时、适当的改革调整，这样才能胜任政务服务保障主力军的角色，为新时代党政机关高效运行提供有力有效的服务保障。

二、依法服务保障的践行者

党的十八届四中全会作出了全面推进依法治国的重大战略部署，提出了推进依法行政、加快建设法治政府的明确要求。加强法治政府建设的要求有很多方面，其中，推进政府内部事务管理的法治化是一个基本的和必然的要求。具体到机关事务管理而言，重点就是要提高机关事务服务保障工作的法治化、规范化水平，推进依法服务保障。②

目前，机关事务服务保障工作距离法治政府的要求还有一定的距离。一方面，机关服务保障的随意性较强，工作规范性不够，缺乏法

---

① 王永海：《社会化：机关事务工作的改革方向》，载《行政管理改革》2013年第8期。
② 王京哲：《试论新形势下机关事务工作的职能定位》，载《中国机关后勤》2016年第2期。

律、法规和制度约束，服务保障内容和标准主要以各级领导干部的行政命令，甚至口头命令为依据，经费来源也不规范，存在着"以经营养服务"的问题；另一方面，各地区、各部门之间的机关服务保障水平存在较大的不均衡性，存在着服务保障资源分配苦乐不均和服务保障水平相互攀比的现象。这些都与法治政府建设的要求不相适应，在一定程度上影响着建设法治政府的进展。机关事务管理部门要以保障政务为工作的出发点和立足点，认真分析判断机关高效运转所需要的物质条件和保障要求，通过法律、法规和制度的形式科学界定机关事务管理的服务保障范围，明确相关经费来源和开支标准，做到服务保障有法可依。要严格做到依法服务、依法保障、依法管理，在法律、法规和制度授权的范围内，通过符合规定的经费来源渠道，提供一定标准和水平的服务保障。对于制度标准范围内的服务保障工作，机关事务管理部门要做好、做到位，对于超范围、超规格、超需求的服务保障，要予以反对和抵制。要顺应时代发展潮流和法治政府建设的要求，逐步推进机关事务管理的信息公开，将信息公开作为推进规范管理、加强权力制约的有效手段，积极回应舆论和群众关切。

此外，要健全规范机关事务管理机制。具体而言，以推进机关事务管理法治化为目标，结合机关事务管理工作实际，研究制定实物定额和服务标准，建立完善党组议事流程、固定资产采购、财务支出审批、机关食堂服务、工程建设招投标流程、物业管理考核制度等各个环节的管理服务标准体系，实现机关事务的科学化管理和规范化运行。

三、节约型政府的倡导者

随着我国经济发展新常态的到来，政府财政收入增长的难度将会加大，着力优化财政支出结构、提高财政资金使用效益、更加严格地控制机关运行成本将会变得更加重要和紧迫。李克强总理在会见采访第十二届全国人民代表大会第一次全体会议的中外记者时就表示，"我们要用简朴的政府来取信于民,造福人民,要让人民过上好日子,政府就要过紧日子",并明确提出了"约法三章"的要求。

关于简朴政府的含义,一是简政放权,二是节俭朴实。目前,我国政府机关运行的行政成本仍然相对较高,个别领域甚至存在着不同程度的浪费现象。为了更好地适应经济发展新常态,有效推进简朴政府建设,机关事务部门需要加强对机关运行全过程的研究,着力控制机关服务保障成本,降低政府行政成本,使各级政府能够更好地将有限的财政资源用到国家和人民最需要的经济建设、政治建设、文化建设、社会建设和生态文明建设中去。要强化厉行节约的理念,破除"服务保障水平越高,机关事务管理越有成绩"的落后观念,科学合理地设定服务保障的标准,杜绝过度保障、奢侈保障等不合理现象。要优化和改进机关事务管理方式,推进机关事务集中统一管理。理论和实践都证明,推进机关事务有关工作的集中统一管理,有利于服务保障资源的统筹利用和有效配置,能够有效降低服务成本,提高保障效率。要将推进后勤服务社会化、市场化作为提高服务保障效能、降低服务保障成本的重要方法和手段,加快推进深化党政机关后勤服务社会化改革。

四、廉洁型政府的推动者

在党的十九大报告中,习近平总书记强调"坚定不移全面从严治党,不断提高党的执政能力和领导水平"。李克强总理多次在不同场合强调要大力推进廉洁政府建设。机关事务管理与落实全面从严治党、推进廉洁政府建设密切相关。改进党政机关工作作风、加强党风廉政建设的内容既涵盖政务工作,也涵盖事务工作,机关事务管理部门管理的公务用车、办公用房、公务接待、政府资产等领域是党政机关贯彻落实中央"八项规定"精神、推进党风廉政建设的重点领域,各级机关事务管理部门具有加强政府自身建设、规范政府自身行为的工作职责。机关事务管理部门要强化代表一级政府积极履行内部事务管理职责的理念，更好地发挥自身职能，加强对政府行政事业资产、基建工程、公务接待、驻外地办事机构、能源资源消耗、信息化服务等方面的监督管理。要增强对机关社会事务工作的重视程度，积极组织督促政府各部门认真承担和履行作为社会法人应该承担的各种法定职责和社会责任。要健全完善机关事务监管体制，强化上级机关事务部门对下级机关事务部门的业务指导，强化机关事务主管部门对政府各部门机关事务的监督管理，与纪检监察机关紧密配合，开展机关事务监督检查，及时发现并依法纠正和惩处各类违规行为，规范政府自身行为，有力促进廉洁政府建设。

第三章 机关事务管理职能建设

新时代机关事务管理职能建设是明确机关事务管理工作地位、发挥机关事务管理工作作用的决定性因素。1989年,中央机构编制委员会印发的《关于中央国家机关后勤体制改革的意见》将机关后勤工作的职能分解为管理和服务两个内容。1993年,中央机构编制委员会办公室、国务院机关事务管理局印发的《国务院各部门后勤机构改革的实施意见》提出了"小管理,大服务"的思路,进一步将管理和服务两项职能内容分开。2004年,温家宝总理对机关事务管理部门的职能做出了"管理、服务、保障"的高度概括。随着机关事务改革的不断推进以及其管理内容日益复杂化和多样化,不同程度存在着职能定位不清、职能交叉混乱的现象,新时代机关事务管理对进一步规范职能提出了更高要求,以更好地改进机关事务管理工作,适应国家治理体系和治理能力现代化的要求。

第一节 我国机关事务职能的现状与问题

目前,我国机关事务管理工作基本围绕两条主线展开:一是机关行政管理职能的正常运转,即为机关工作服务;二是机关工作人员的生活设施与福利待遇,即为机关工作人员提供生活服务。然而,在传统计划经济体制的影响下,我国机关事务承担了过多的非核心职能,造成了机构臃肿、效率低下等诸多问题。

近年来,不少学者和从业人员从不同角度对我国机关事务管理体制的弊端进行了总结。胡仙芝、马敬营认为，管理体制问题是我国政府机关浪费严重、行政成本偏高的深层次原因，机关事务管理需要从体制改革入手，建立健全机关事务集中统一管理体制，完善机关事务管理监督体系。王德认为，截止到目前，对机关事务的职能化问题关注不够：一是内涵不清晰。理论上对机关事务管理的内涵把握不够，实践中将"机关事务"等同于"机关后勤"，或者将机关事务等同于解决"吃喝拉撒"问题。这些认识上的模糊不清，造成实践上的职责错位。二是外延不确定。对机关事务管理应该履行哪些职能、承担哪些任务等界定不清，行为边界不明，造成系统和行业职能差异较大，发展不平衡。三是内容不稳定。经济发达地区与落后地区之间、沿海城市与内陆城市之间以及一级预算部门不同系统之间，工作内容差别大。有的职能饱满，任务繁重；有的工作任务单一。四是权责不明晰。有些宏观管理部门越位、错位地管理机关事务领域事项，热衷于房、地、车等具体微观事项的审批，造成权责不明晰、责任不落地。

近些年，通过总结在国管局以及浙江杭州、嘉兴等地的调研情况，目前我国各级机关事务管理职能设置主要存在以下问题。

一、职能定位不清晰

长期以来，我国机关事务管理一直处于同级政府各部门边缘性、从属性地位，具体的职能定位也没有明确规定，凡是没人管的、别人不愿管的事务都归到了机关事务管理部门。同时，政府机关内部存在着严重的"过渡性""临时性"的思想，缺乏长期规划和科学设置。正是这种职能定位上的"不清晰""不明确""不规范"，使得我国机关事务管理部门缺乏统一准则，工作起来缺乏统一标准。不同地方机关事务管理部门的职能配置差异很大，国管局与地方机关事务管理部门在职能配置方面上下不对应，平行的省（自治区、直辖市）之间，或市（地）之间、县（市、区）之间的职能也各不相同，同一个省（自治区、直辖市）内的同一级机关事务管理局之间的职能也不一致。

国管局和部分省份的职能改革启动较早，因此机构和职能配置相对合理，但多数地方机关事务管理部门的职能比国管局的职能要少得多。有的甚至没有实质性的管理职能，只承担一些辅助性的工作；有的"三定"方案中赋予了机关事务管理部门一些管理职能，但实际上这些职能并没有落实到位，成了"空头支票"。各地机关事务管理部门缺少的职能内容也不一样，例如，有的机关国有资产和政府采购由财政部门统管；有的机关办公用房建设由建设部门负责或由使用单位自建；有的机关住房公积金由房改部门管理支配；有的党政领导公务接待由独立设置的接待机构承担；有的党政领导生活服务由其他相关机构操作；有的没有实施干部职工周转房、机关廉租房建设；有的办公用房装修由各部门自行实施等。

二、管理职能不到位

"三定"方案中赋予了机关事务管理部门相应的管理职能，但是在实践中，相应职权仍由原单位行使，原有单位不愿"放权"，机关事务管理部门又无力"收权"，造成有名无实的局面，"多头分散管理""一家一户办后勤"的格局没有根本改变。

对于机关事务管理部门而言，管理职能的核心是资产管理。资产是党政机关正常运行的"骨架"，正因为特别重要并关系部门切身利益，原有管理部门不肯轻易移交职能，总是想方设法维持原有利益格局。一些单位的房屋、土地转让给下属单位甚至企业无偿使用，建造新办公楼后将旧办公楼私自改作门面房用来经营；同级政府不同部门之间的办公用房面积、条件差距很大。"三定"方案赋予了机关事务管理部门国有资产管理、房地产管理及房改工作和基础建设职能，但现实是办公用房、门面房、公务用车、办公用品、工程维修等仍然是各家管各家的。例如，在公共机构节能管理方面，公共机构节能管理仅停留在号召、宣传层面，硬性规定难以落实，这种主要依赖"内省"的公共机构节能管理难有成效。

三、职能交叉现象严重

基于行政体制改革的发展要求和政府机构精简的现实需要，机关事务管理改革积极推行后勤管理与服务职能分开。总体而言，这符合科学管理的原则和社会化的方向，但同时也面临着很多问题。在管理职能方面，不少部门、单位部分管理职能在机关，如办公厅、综合司等，部分在机关服务中心，如有的财务管理在机关财务与机关服务中心的财务之间；在资产管理方面，固定资产管理、办公用房调配等，机关的办公厅、综合司等与机关服务中心存在职责划分不清甚至交叉混淆等情况，容易导致推诿扯皮、管理混乱，影响了机关运行效率。具体表现在以下方面：

（一）多头管理

从中央到地方各级政府的机关事务管理部门都不同程度地与其他部门存在严重的多头管理现象，尤其是与财政、发改委、自然资源、住房和城乡建设等部门的职能重叠较多。机关国有资产管理、政府采购是机关事务管理的重要职能，但只有少数地方是由机关事务管理部门负责，大多数地方还是由财政部门负责。而资产管理中的公务用车虽是机关事务管理部门负责，但还分了两部分，一部分由财政部门负责，一部分由机关事务管理部门负责。至于通用资产，基本上是由财政部门负责，类似情况不胜枚举。

（二）管理分散造成资源浪费

不少部门和单位还有垂直管理机构和直属单位，如民航系统就有院校、科研机构、医院、新闻出版单位等。从隶属关系来看，垂直管理机构和直属单位直接受机关总部的领导，但是从机关事务管理来看，则各自为政。机关本级由机关服务中心等负责相应的机关事务,而垂直管理机构和直属单位通常分别由其总务处、后勤处或机关服务公司等负责相关机关事务工作。而且,垂直管理机构和直属单位的机关事务部门常常存在各自为政、自成体系的情况,造成管理体制不统一,运行机制不一致,不利于资源整合、利用和节约型机关建设,不利于机关事务管理工作的有效开展,在不同程度上也影响着机关运行效率。

(三)标准不统一造成苦乐不均

每个单位都设置了机关事务管理部门,党群机关、政府、人大、政协系统分别设立,政府机关各部门也大都设置各自的机关事务管理部门,办公用房、国有资产、公务用车的购置和使用存在多头管理,标准并不完全统一。办公用品如桌椅、电脑的采购,办公室内部装修,以及食堂、招待所、会议室所需生活用品的采购和相应服务的购买,虽然要求政府集中采购,但实际执行起来变通花样,不断翻新。

第二节 明确机关事务管理的职能建设方向

依照党和国家的重要战略部署,机关事务管理职能改革势在必行。从外部环境看,过去由机关事务管理部门直接为机关提供后勤保障的方式越来越难以适应时代发展的需要,机关事务管理部门直接提供后勤保障服务的优势越来越小,许多方面不得不让位于市场与社会。从内部需求看,机构改革促进政府职能转变、角色转换,由运动员转变为裁判员,主要从事经济调节、市场监管、社会管理、公共服务等工作,本质上要求机关事务管理适应建立精简、统一、效能政府机关的要求,加快职能转变和角色调整,降低运行成本,提高工作效率,推进事务管理的科学化、法治化。

一、完善职能定位

职能设置是机构设置的先导,职能不同,机构性能也不同。在推进国家治理能力和治理体系现代化的背景下,要提高政府机关管理效能,应先明确机关事务的职能定位,以职能改革引导机构改革,强化核心职能,厘清部门之间的职能边界,避免职能交叉和职能空白,从而实现机关事务的精简、高效运行,保障政府中心工作的正常开展。

首先,明确机关事务管理工作与机关后勤工作的区别。长期以来,人们一直将机关事务管理等同于机关后勤,结果降低了机关事务管理的社会地位,影响机关事务工作的发展。机关事务与机关后勤的本质区别在于职能不同:机关后勤的主要职能是服务,机关事务的主要职能是管理,机关事务的外延包括了以服务为主要内容的机关后勤工作。从机关后勤到机关事务转变的关键也是职能的提升,职能不同,决定了机构性质不同、职权不同以及体制、机制不同。

其次,明确核心职能与非核心职能。机关事务管理的主要任务是对机关资源进行理性配置、组织和使用,使其产生最佳的效能,有力地保障政府中心工作的正常运行。这种角色定位决定了机关事务管理应该以政策制定、服务保障、成本控制、国有资产管理和预算管理等作为核心职能,具体包括运行经费、机关用地、办公用房和设备、职工住宅、公务用车、政府采购、能源节约、公务接待、差旅会议等方面;以职工生活服务、物业管理、餐饮服务、幼教服务、会议服务、宾馆服务等为非核心职能;以培训教育、精神文明、爱国卫生、绿化美化、计划生育、综合治理等为辅助职能。

最后,确定职能边界。注重用法律、法规界定机关事务管理部门与其他部门的关系,其中,最重要的是府际关系。从内容上看,府际关系涉及政府和部门间职能划分、权力配置、利益分配和责任分担等问题。例如,通过投资关系、预算关系等方面体现出来的政府部门间财权关系，都会在部门内部投资计划管理、财务经费管理以及物业服务、后勤服务等方面体现出来。通过协调政府层级间和政府部门间的利益关系，能更好地构筑公正、透明的机关事务管理关系，解决越位、缺位和错位问题。注重工作职能在政府部门间的二次、三次配置，将政府政务和事务职能合理、科学地配置到不同部门，客观界定机关事务管理部门与发改委、财政、自然资源等部门的职能边界，保证完整、全面、独立地履行职能。建立从中央到地方全面业务指导关系，统一行业标准和工作要求，确保体制统一、法制统一和政令畅通。①

二、强化政务保障核心职能

职能是机构的"发动机"，职能来源于机构、部门所承担的任务，即本部门在国家治理体系中的定位和目标。机关事务是党和国家行政工作的重要一环，其核心任务是保障党政机关的正常运行。高效的机关事务管理是党政机关高效运行的基础和支撑，有利于政策的传达畅通和贯彻落实，使人民群众更好受益。因此，保障政府中心工作，为党政机关的高效运转提供后勤服务和资产管理，应当成为我国机关事务管理部门的核心职能。

从国际经验来看，当代机关事务管理的发展趋势是生活性服务比重逐步降低，公共服务比重越来越大。机关事务管理部门所提供的公共服务主要是为政治服务、保障政务的制度、办法、标准等。生活性服务的方向是社会化，以政府采购的方式发挥市场配置资源的决定性作用，交由社会第三产业的专业公司来承担；机关事务管理部门在这一过程中的作用是以合同的方式采购、管理、监督、评价所引进的社会服务，而这种管理就属于公共服务范畴。公共服务的发展方向是以

---

① 王德：《大力推进机关事务治理体系和治理能力现代化》，载《中国行政管理》2017年第3期。

加强政府自身建设为目标,以降低机关运行成本为标准,提供更加精准高效适用的服务保障。在这种情况下,生活性服务将逐渐淡化并交由社会来办,而政务性服务将逐步加强并日益规范化。在这样的思路下,我国机关事务的所有职能设置、职能改革都必须紧紧围绕这一核心职能。

三、强化管理职能

机关事务管理的主要任务是对机关服务保障资源进行科学组织、合理指挥、充分协调与有效控制,使机关运转及其职工的生活需求得到满足和保障的社会生产过程。随着政府"简政放权"和政府职能的转变,在一定程度上机关事务管理部门直接提供后勤服务保障的职能逐渐淡化,但这并不意味着机关事务职能的弱化,而是要集中精力抓好管理这一核心职能。从这个意义上说,"管理"是各级机关事务管理部门的主要职责和手段,也是机关事务管理部门的核心工作。具体而言,可以从以下方面强化管理职能:

一是强化法规、制度建设。将机关后勤服务的保障方式由行政式转变为市场式、法治式,逐步实现后勤保障的法治化。

二是管住、管好政府资产。产权问题是我国经济活动的核心问题,当前工作重点是要加强对政府资产边界的界定,如弄清哪些是政府资产,哪些不是政府资产;哪些是经营性资产,哪些是非经营性资产。使用财政资金形成的实物资产是否构成政府资产的全部,需要仔细甄别。但财政资金用于政府行政所形成的资产,则是机关事务管理部门应该管住、管好的资产。机关事务管理部门作为政府资产的管理者,有责任将这些资产管住、管好、管到位,并努力实现资产的保值增值。

三是加强工作监管。这是机关事务职能定位的本质要求,其核心是按照完善社会主义市场经济体制的要求,围绕国家的中心工作,通过制定法律、法规、章程,明确科学定位,转变管理职能,加强对政府资产的集中采购以及基建投资、职务消费、后勤服务、职工福利待遇等事项的管理,优化资源配置,降低行政成本,提高保障能力。

第三节 完善机关事务职能建设的重点任务

加快完善机关事务职能建设,首先,需要重点完成机关事务管理事权清单的制定,明确机关事务管理的具体职能内容,是在"管理、服务、保障"三大职能区分的基础上予以细化和具体化。其次,需要对职能配置进行集中统筹,不仅可以有效规范机关事务管理的职能作用,还可以明确机关事务管理部门与财政、自然资源等不同部门之间的职能划分,避免职能交叉。最后,需要以政府效能为核心强化拓展机关事务管理职能,以增强政府效能,深化行政体制改革,发挥机关事务管理部门更优质的保障功能。

一、加快事权清单的制定

机关事务是相对于机关政务而言,是机关政务的辅助工作,主要是指所有保障机关正常运转的事务性管理和服务工作,是国家治理体系的重要组成部分。机关事务管理部门作为政策制定者、管理实施者、服务组织者、资源配置者、绩效监督者,应着重履行以下职能:

一是根据机关运行需求,制定行业发展规划、宏观调控政策和业务发展计划,确保机关建设高起点、高站位、快发展。

二是确立机关建设、资源配置、服务供给、物资消耗、质量评价等行业标准,推进工作立法,实现法有规定必须为,法无规定不可为。

三是组织机关公共物品和服务供给,保障机关资产和资源合理的有效使用,降低机关运行成本。

四是建立健全服务监管体系,完善绩效评价标准,监管服务运行成本,提高服务质量和效益。

五是完善后勤服务市场的准入、竞争、反垄断、反分割等工作机制,约束主体行为,规范市场秩序,建立健全统一开放的机关后勤服务市场。

六是改革服务管理、提高管理效益,通过购买服务等方式,选择服务主体,履行合同一方权利义务,规范服务市场与服务价格,集中支付服务费用。

七是改善机关后勤服务市场运营环境,放松管制,促进转制,为实现后勤服务社会化创造政策与制度环境。

八是反馈机关需求,了解服务对象的意见和建议,修订工作计划,更新管理安排,确保管理和服务对象的利益等。[①]

事权是指政府部门按照法律、法规进行行政事务管理的权力,体现政府活动的范围,简单来说就是政府应该干什么事。作为行政管理和公共服务的重要组成部分,机关事务管理的本质是对党政机关的财政资源、土地资源、房产资源、设备资源、技术资源、信息资源和人力资源等进行合理配置、组织和使用,使其达到效果最优、效益最大、效率最高的管理实践。这就要求机关事务管理部门更好地承担服务组织者的职能,避免用计划经济的办法直接从事服务产品的生产。要注意将机关事务管理职能和后勤服务职能分开,促使机关事务管理部门退出竞争性自办服务,集中精力做好制定标准、建立制度、配置资源、组织服务、评价考核等事项,强化财务管理、服务保障、成本控制、政策制定等职能。

因此,国家机关事务主管部门的主要职能包括:法律、政策、标准的制定和监管,国有资产和专项经费的使用和管理,中央国家机关后勤服务保障及地方机关事务管理工作指导和监督。对地方各级政府而言,机关事务是指为保障行政机关运转所实施的管理、提供的物质技术保障

---

① 王德:《大力推进机关事务治理体系和治理能力现代化》,载《中国行政管理》2017年第3期。

和相关服务,主要包括机关运行经费、国有资产、水电气等能源、后勤服务以及政府采购、国内公务接待等有关的服务保障工作。具体而言,"机关财务管理、房地产管理、基本建设管理、物资设备管理、环境建设管理、政府采购、后勤服务的规划、协调与监督管理等是机关事务部门的主体业务,是党委和政府行政工作的重要组成部分,因此,以资产管理为核心,以提供物资保障为手段,以保证机关高效有序运转为目的,是机关事务的主要职责,是开展工作必须紧紧抓住的重要环节"①。

对各级机关事务管理部门而言,还应对现有职能进行充分整合,比如推进办公用房集中统一管理、推动公务用车购置经费纳入公务用车主管部门预算、设立公共机构节能改造专项资金等。明确机关事务管理部门为机关房地产具体管理职能部门,集中统一负责办公用房的建设、产权、标准、调配等管理工作,负责机关房地产处置出租、出借等具体工作。在机关事务管理部门下,成立专门的公务用车管理平台,建立"全国一张网"的用车管理系统,全面加强对车辆编制、费用的核定、驾驶员的管理以及车辆购置、更新、调剂、维修、牌照、油料、交流干部用车等管理工作。对于非核心职能,如绿化、餐饮、车队、物业、浴室、卫生室、印刷厂、保洁等纯服务型的项目,通信、电梯、监视系统维护等专业保障型项目,则可以通过社会化改革,加快市场制度建设的方式,以政府购买服务或者组建公司制后勤服务集团实现职能优化配置。

二、实现职能配置的集中统筹

"机关事务部门不是生产部门,也不是商业机构,所需人、财、物都要依赖行政体系内的制度性安排,包括人事、财政、投资等部门的

---

① 陈建春:《加强管理 强化服务 积极推进机关后勤体制改革》,载《办公室业务》2005年第1期。

行政性计划安排加以解决，它不能也不应该从体制外谋求这些要素的供给。"① 这些要素来源于国家行政体制内的相关部门，其使用、管理的过程就是为各级机关提供服务、保障公务有效运行的过程。在这一过程中，机关事务管理部门与各要素配置和使用部门不可避免地发生工作交流，如果不能理清部门的权责关系，满足行政机关履行公共服务的效率也会受到影响。以资产管理为例，"行政事业单位国有资产出资人代表的职责由多个部门分别行使，出资人统一代表不明确，管人、管事、管资产相脱节，影响了对行政事业单位国有资产的有效监管；资产的购建预算掌握在各单位手中，造成资产实际占用权、处置权等全部落在各个占用单位，不能使资产合理配置，形成严重浪费"②。所以，要改革机关事务的传统管理方式，促使全国机关事务管理由一家一户分散管理向集约化的规范管理转变，由只负责本级机关事务的封闭式"块块"管理向上下联通、具有行业指导关系的"条条"管理转变，构建科学规范、系统完善的服务保障机制。

《中共中央关于深化党和国家机构改革的决定》指出："优化党和国家机构设置和职能配置，坚持一类事项原则上由一个部门统筹、一件事情原则上由一个部门负责，加强相关机构配合联动，避免政出多门、责任不明、推诿扯皮，下决心破除制约改革发展的体制机制弊端，使党和国家机构设置更加科学、职能更加优化、权责更加协同、监督监管更加有力、运行更加高效。"③ 因此，机关事务管理部门也应该按照改革目标要求，统一部署，围绕机关事务管理的核心职能和事权，建立集中统一的管理领导体制。一方面，将同级别党委、人大、政府、

---

① 陶雪良：《论机关事务的本质属性》，载《中国机关后勤》2018年第1期。
② 郭济：《加强行政事业单位国有资产管理》，载《中国行政管理》2004年第6期。
③ 《中共中央关于深化党和国家机构改革的决定》，载中华人民共和国中央人民政府网：http://www.gov.cn/xinwen/2018-03/04/content_5270704.htm，访问日期：2019年11月7日。

政协、群团等系统单位的机关事务工作纳入统一的机关事务管理部门集中管理，集中权力和职责，统一政策、规章、制度和标准。明确国务院机关事务管理部门具有制定具体机关事务规章的权力，对同级党政机关的资产预算、购建、产权、处置、调剂、统计、绩效评价，公务用车编制、费用、购置、更新、调剂、维修，办公用房建设、分配、调剂、维修及后勤服务保障等工作具有监督、检查、指导权力。各使用单位按照需要向机关事务管理部门提出申请，机关事务管理部门按照相应法律、法规的要求合理配置资源。

另一方面，要合理界定机关事务管理部门与发改委、财政、住房和城乡建设、自然资源等部门的职能边界，明确基建投资、资产管理、政府采购、住房改革、土地管理等事项的管理范围和管理权限，避免越位、错位、缺位等问题出现。我国党政机关下属各机构是按照职能来设置的，职能是机构建立的重要标准和核心目的；目的不同，机构的职责就各不相同。《中共中央关于深化党和国家机构改革的决定》指出："坚持优化协同高效。优化就是要科学合理、权责一致，协同就是要有统有分、有主有次，高效就是要履职到位、流程通畅。"机关事务管理部门的职责权力应按照其职能设置，比如办公用房的建设和物业管理、职工住房的建设和分配、公务用车的购置和使用等应统一由机关事务管理部门集中统筹管理，资产的土地划拨、用地登记、建设项目审批等按照各部门职能范围进行审批，在机关事务管理法律明确事权和职责之前，可以通过行政合同、行政协议等方式协商解决。同时，《中共中央关于深化党和国家机构改革的决定》指出："明确责任，严格绩效管理和行政问责，加强日常工作考核，建立健全奖优惩劣的制度。"因此，还需要加强审计、纪检监察部门对国有资产、资金、设备等在内的全工作流程的监管，确保权力、义务和责任相统一，形成有效监管。

在机关事务管理工作体系内部，还要分清行政管理服务与政府国有资产管理的权责关系。破解这一问题的关键就是加快后勤相关的企业与机关事务管理部门脱钩,按照"政企分开"原则,各级机关事务管理部门应负责政策和标准制定、服务保障监督考核,而不具体从事经营管理。应将机关事务管理部门所属国有资产统合起来,成立国有资产管理公司,再根据不同服务后勤内容成立物业公司、酒店管理公司等服务型企业,作为独立法人的主体按照市场机制运行,在为机关提供物业、会务、餐饮、健身等服务保障的同时,也面向社会经营,提供商品服务,参加市场竞争,充分利用闲置资产,提高国有资产使用效益。机关事务管理部门可以作为出资人,以业主的身份对国有资产公司进行监管,但不参与日常经营;根据各单位的实际需求,以"社会购买服务"的方式向各国资公司控股企业购买相应的后勤服务。国有资产公司对承担后勤服务的企业实行服务、经营双考核,对保障服务型的单位重点考核服务质量和节能降耗,对经营服务型的单位重点考核服务质量和经济效益,对经营型的单位重点考核经济效益和社会效益。

三、以政府效能提升为核心强化拓展机关事务管理职能

机关事务管理要贯彻落实党的十九大精神,立足机关事务管理发展的阶段性特征,进一步延伸服务职能,处理好有限服务资源与不断增长的服务需求之间的关系,既科学合理配置服务保障资源,又高水平地提升服务质量。同时,面对纷繁复杂的工作任务和零散细微的工作环节,需进一步强化机关事务管理职能,统筹好资金、资产、资源、服务的管理保障,协调整合利用好各方面的资源优势,共同做好机关事务管理工作,推动政府效能的提升。

强化和拓展机关事务管理职能,要深入贯彻党的十九大精神,按照国家治理体系和治理能力现代化的要求,紧密结合深化行政管理体制改革的现实需要,认真解决影响和制约机关事务管理职能和政府效能的各种问题,使各级机关事务管理部门的办事效率明显提高、工作

作风明显转变、履职能力明显增强、管理和服务明显改进，努力创造更加开明开放的政务环境、优质高效的服务环境、公正严明的法治环境，促进政府效能的提升。

机关事务管理作为政府行政管理的重要组成部分，是以资产管理为核心，以组织提供物资保障为手段，以保证机关职能活动正常有序运转为目的的过程和活动。因此，为有效提升政府效能，机关事务管理需要重点对机关物资流、资金流、信息流实施控制、管理和运用。物资流是机关事务管理为政府服务的"物质载体"，资金流是机关事务管理为政府服务的"生命血液"，信息流是机关事务管理为政府服务的"中枢神经"。

机关事务管理涉及财产物资管理、房地产与物业管理、供应服务管理、信息资源管理、生活服务管理等领域。其中，财产物资管理、房地产与物业管理是物质基础；供应服务管理和生活服务管理是在市场不发达情况下对后勤服务市场供给的必要补充；信息资源管理是机关行政管理工作的网络平台，是财产物资管理，特别是房地产管理的伴生物，也是电子政务的重要组成部分，其内容包括网络办公平台的搭建与使用，网络设备设施的购置与更新及管理、保障、服务信息的收集、加工、存储与利用等方面。正是这种职能定位与划分，使得机关事务管理工作成为服务机关的政策制定者、管理实施者、服务组织者、资源配置者、绩效监管者。

综上所述，只有通过加强资产管理、调整服务结构、转变保障方式、提高管理效益等途径，切实做到机关事务管理职能的强化、拓展和转变，才能构建集中统一、权责明确的管理职能，科学规范、系统完善的保障制度，市场导向、多元并存的服务机制，推进机关事务管理全面、协调、可持续发展和政府效能的提升。[1]

---

[1] 王德：《科学把握当前机关事务工作的定位与职能》，载《中国行政管理》2005年第1期。

第四章　机关事务体制建设

新时代机关事务体制建设在机构设置、领导机制、运行保障方面提出了新的要求。机关事务机构设置是在政府机构改革的原则和要求的基础上，为适应新时代机关事务管理工作的特点，主动调整机构组织，以职能化的机构设置方式保障机关事务正常运转，确保新时代机关事务机构的设置更加科学、合理、有效。机关事务领导机制的完善是新时代机关事务体制建设的重要内容，强化集中统一的领导机制构建是进一步发挥新时代机关事务管理职能作用的根本保证。优化机关事务，需要依赖新时代的新条件，平衡供给需求，推动供给侧改革，加强运行监管，强化全面政治引导。基于此，为适应新时代的新特点，更好地履行机关事务管理职能，新时代机关事务体制建设必须从机构设置、领导机制、运行保障等方面着手，以构建更加科学的机构组织、更加有效的领导机制、更加合理的运行保障。

第一节　完善机关事务管理机构设置

长期以来，许多人在认识上对机关事务管理定位存在偏差，简单地把机关事务管理等同于机关后勤工作，并普遍认为机关事务管理就是管理政府机关"吃、喝、拉、撒、睡"等基本需求。事实上，这种僵化、陈旧的观念已经与我国社会主义现代化建设和机关事务管理飞速发展的现状严重不符。

一、机关事务管理机构的发展现状

进入 21 世纪,机关事务行业发展经历了几次较大规模的调整与改革。以国管局为例,2000 年增加了中央国家机关各部门所属单位国有资产管理的职能,接收了原国家国有资产管理局管理的中央行政事业单位国有资产产权登记档案。① 2010 年,根据中央编办的批复,承担全国公共机构节能推进、指导、协调、监督的具体工作。2013 年,更名为国家机关事务管理局。在地方上,根据我国行政组织结构,各省(自治区、直辖市)、市(地、州、盟)均设有相应的机关事务管理部门。不过,由于存在组织构成、历史沿革、制度变迁等原因,各地机关事务管理部门的职能设置不尽相同。

机关事务管理工作的服务对象是党政机关及其工作人员。从机构的角度看,以中央和国家机关为例,中共中央、全国人大及其常委会、全国政协、国务院、最高人民法院、最高人民检察院以及作为国家行政体制重要组成部分的地方各级组织机构,都需要机关事务管理部门保障政务运转。

从人数上看,机关事务管理工作的服务对象主要是财政供养人员,包括:党政群机关工作人员,主要供职于各级党委、人大、政协、政府、政法机关、民主党派及群众团体等机构;各类事业单位人员,供职于教育、科研、卫生等诸多领域的机构;党政群机关和事业单位的离退休人员。根据《中国劳动统计年鉴》的数据,2017 年我国政府就业人员数量已达到 1586 万,并且长期以平均每年 3% 的速度增长。

由于过去受到计划经济体制的影响,长期以来,我国机关事务管理部门被当作后勤部门、福利事业部门,过度强调服务保障,大小机

---

① 王元慎:《机关后勤改革 30 年的历史回顾》,载《中国机关后勤》2009 年第 1 期。

构各自设立后勤服务机构,组织结构相对分散,机构名称不尽一致,管理权限各自不同,呈横向断裂、纵向分割之势,缺乏全国集中统一、统筹发展的大局观。各层级、各系统、各部门的机关事务管理组织结构"大而全""小而全",管理部门相互之间没有统属,只负责各自的事务管理工作;这种分散的管理方式难以对公共资源进行科学、有效的整合和利用,导致政令不畅、资源严重浪费。这种现状的产生有其历史原因,如机关事务管理长期以来被简单地认为是机关后勤工作,不需要什么文化和技术,所以在历次国家机构改革中,机关事务管理部门出现大量机构、编制、人员被精简、压缩、分流和撤并的情况。不断增加的职能与缩减的机构和人员,导致机关事务管理部门只能在现有体制框架外补充服务保障功能。

在中央层面机构设置上,中直机关设有中直管理局,中央国家机关设有国家机关事务管理局,全国人大及其常委会、全国政协、国务院各个部委及其直属事业单位均设有自己的机关事务管理部门,有的名称是机关事务管理局,有的名称是服务中心。在编制管理上,有的是行政编制,有的是事业编制,也有混合使用的。这些机构在主要的保障服务上均只限于所属单位,因其提供的服务保障内容基本相似,所以在保障服务方面的内设机构也全有,从横向上看,机构设置的重叠冗余程度严重。

在地方层面机构设置上,各级机关单位也都设有机关事务管理部门,有的名称为机关事务管理委员会,有的名称为政府接待办公室或机关后勤服务中心;有的是由政府设立的独立机构,有的由党委或党委办公厅(室)设立的内设机构,还有的是"四套班子"分别设置,这些机构的性质和规格、隶属关系、设置单位、人员编制、职责权限都不相同。因此,我国机关事务管理部门的组织结构分散、管理混乱,通常只负责本机关内部事务管理、保障和服务工作,在行政上没有隶属关系,在业务上也没有指导关系,而且执行的政策标准、制度办法等均不相同，呈现明显的条块分割特征，缺乏统一性、集约性，严重制约了机关事务管理行业的发展。

二、加快推进机关事务集中统一管理

习近平总书记在党十九大报告中指出："全面深化改革的总目标是完善和发展中国特色社会主义制度、推进国家治理体系和治理能力现代化。"我国传统的机关事务管理方式以"单位制度"为依托，单位与单位之间在机关事务资源配置上的不平等也导致了不同级别政府机关服务标准不一、同级政府不同部门的机关后勤各自为政，造成了物力、人力的浪费和单位"小团体主义"思想的泛滥，严重不符合国家治理体系和治理能力现代化建设的要求。

（一）国外经验

英、美等国的政府机关事务管理，经过长时间的发展与演变，尤其是近年受"新公共管理思想"的影响，其服务的对象已经由"单位—人"的阶段步入到"整体机构"阶段，体现的主要是政府集团的利益，用规则来办事、以章程来管人、以政府职能的运转为对象。例如，英国的机关管理通过集中统一的政府采购来规范预算执行，政府商务办公室统一制定政府采购目录和制度，统一签订框架协议并负责合同管理，统一管理各部门采购人员。美国、加拿大等国在机关事务管理方式上主要采取高度集中与分散管理相结合的办法。如在采购管理中，既有统一的中央采购管理与具体操作模式，同时，也积极发挥地方政府、社会组织、私营企业的作用。尤其在小额采购过程中，这种特点表现得更为突出。在尊重统一管理的基础之上，可以通过对各机关的需求分析得出更加多元化的服务方案，据此制定精细化、个性化的机关事务管理标准。

（二）浙江经验

在习近平同志主政浙江期间，浙江省机关事务管理局按照习近平同志的指示精神，经省委、省政府统一部署，在全国率先推进同级政府各部门机关事务集中统一管理，省、市、县全部设立机关事务管理部门，实现本级政府机关事务的统一管理，建立以"三公"经费、公务用车、公共机构节能、政府采购、机关房地产管理等内容为重点的机关事务统一集中管理体制，使机关事务管理更科学、更集约、更高效。具体做法包括：(1)在经营性单位管理方面，组建浙勤集团有限公司，统一接收、经营和管理省直单位经营实体；(2)在办公用房方面，实施办公用房"五统一"即统一权属登记、统一调配管理、统一规范使用、统一维修改造、统一规划建设，新建省级机关办公用房管理中心，加快建设办公用房信息化管理系统，基本形成了一个有规范的管理制度、专门的管理机构、专业的监管队伍、信息化的监管平台；(3)在经营用房方面，推进经营用房统一管理，发挥资源统筹和规模经营优势，分类打造"会议基地、培训基地、接待基地"，努力实现比部门自办的经济效益更好、监管质量更高、廉政风险更小；(4)在公务出行方面，深化公务出行"四个一"保障方式，并根据运行情况优化省级公务用车管理平台，逐步扩大省、市、县一处登记以及全程保障"一张网"试点。

(三) 改革方向

我国的机关事务管理应借鉴美国、英国、俄罗斯等国家大部门体制"宽职能、少机构"的横向格局，建设"有限且有效的政府"模式，在党政群团等一级预算单位，只设置一个机关事务管理部门，建立国家总局和省、市、县局的体制架构。要落实《机关事务管理条例》的规定，体现集中和统一管理的要求，一级预算部门只设一个机关事务管理部门。国家机关事务主管部门负责全国机关事务管理的业务指导，地方机关事务管理部门按照国家政策、法规的相关要求，实施具体管理。

从完善政府管理体制及建设节约型、效能型政府的要求出发，机关事务管理部门作为国有资产管理、政府集中采购、公共机构节能、公务接待等工作的管理主体，应摒弃"小而全""大而全"、自我服务的"家庭式"管理。在横向管理层面，促使机关事务管理由一家一户分散进行向集约化的集中管理转变，完善办公用房和公务用车集中统一管理体制。在纵向管理层面，由只负责本级机关事务的封闭式"块块"管理向上下联通、具有行业指导关系和监督关系的"条块"管理转变。同时，建立系统的行业指导关系，统一政策标准，规范工作要求，遵循"精简、统一、高效"的原则，推动各类资源科学合理配置和集约高效利用。

然而，集中统一管理不是机关事务管理部门职能权限的扩张，而是对原有分散在不同部门的机关事务管理职能的整合、优化，改变过去各部门机关后勤的块状分割。通过推行集中统一管理，可以解决五个方面的问题：一是各单位后勤资源配置标准不一、苦乐不均的问题；二是相互攀比、重复设置、重复建设的问题；三是各自为政、政出多门的问题；四是"小而全""大而全"且市场竞争力弱的问题；五是服务无标准、随意性和临时性强的问题。

三、形成职能型的机关事务管理组织架构

任何一个组织的结构都是为了完成一定的任务目标而建立，其目的是为了高效出色地完成工作。随着外部环境的改变、任务目标的更新、内部功能的增减，组织结构也需要就此作出调整，以减少从决策到结果的损耗，提高管理效率。我国机关事务管理部门的职能是根据社会主义现代化建设和国家经济社会发展的要求不断调整变化而来，其组织结构具有很强的历史性、时代性。面对新时代中国特色社会主义国家治理体系和治理能力现代化的要求，我国的政府结构、政务职能发生重大改变，机关事务管理职能也会相应地发生转变，与之对应的组织结构也自然发生变动。为此，应当"精干设置各级政府部门及

其内设机构，科学配置权力，减少机构数量，简化中间层次，推行扁平化管理，形成自上而下的高效率组织体系"。

现代管理理论认为，设计合理、高效的组织结构需要考虑六种基本要素：工作专门化、部门划分、职权和职责、管理幅度、集权和分权、正式化程度。根据这六种要素的不同组合，组织结构可以分成七种形式，如表1所示。我国现行机关事务管理部门的组织结构是多个职能结构的"并联"组合，即每个单位都设立有"大而全""小而全"的机关事务管理机构。根据物理学理论，电路并联电压增强，电路串联电流增强，电压代表势能，电流代表强度。这就意味着，在现行机关事务管理体制结构中，每个单独的机关事务管理机构因要负责全面的管理服务保障工作，工作强度大、压力大，无法实现组织有机串联起来形成的势能优势，也就是缺乏集约的边际规模效应。

表1 不同类型组织结构及其优势和劣势①

组织结构	优势	劣势
简单结构：部门化程度低，管理跨度大，权力集中，正规化程度低。	快速；灵活；维护成本低；责任清晰明确。	适用于较小规模；依赖某个人有风险。
职能结构：把从事相似或相关职业的专业人员组合在一起。	工作专门化带来成本节约优势；规模经济，尽可能最小化人员和社会被重复配置。	追求职能范围内目标可能导致管理者忽视组织整体最优的目标；职能专家彼此相互隔离，对于其他单元所从事的工作几乎一无所知。
事业部结构：相对独立的事业部或业务单元组成。	聚焦于结果，事业部管理者对他们所提供的产品或服务负责。	活动和资源的重复配置提高了成本，也降低了效率。
团队结构：整个组织由工作小组或工作团队构成。	员工参与和员工授权程度更高；各个职能领域之间的障碍更少。	缺乏清晰的指挥链；工作团队的绩效压力较大。

---

① 〔美〕斯蒂芬·罗宾斯、玛丽·库尔特：《管理学》（第13版），刘刚、程熙镕、梁晗等译，中国人民大学出版社2017年版，第187页。

(续表)

组织结构	优势	劣势
矩阵—项目结构：按照项目把来自不同职能领域的专业人员分配在一起。	具有的流动性和灵活性有助于快速应对环境变化；决策制定更加快速。	为各个项目指派合适人员存在复杂性；工作任务和员工性格之间存在冲突。
无边界组织：不被各种预先设定的横向、纵向或外部边界所定义或限制。	拥有高度灵活性和快速响应能力；能够有效利用在任何地方挖掘到的人才。	缺乏控制；沟通比较困难。
学习型组织：组织中的员工能够不断获取、分型新知识并应用这些知识。	实现整个组织范围内的知识共享；拥有竞争优势的持续来源。	由于担心失去权势，有些员工不愿意共享知识；大量有经验的员工即将面临退休。

对我国机关事务管理部门而言，在同级部门层面，适合建立以职能型结构为主，以矩阵—项目结构为辅的组织结构。职能型组织结构的专业化程度高，职能部门化带来行动的高效性和协调性，指挥链上职权清晰、职责明确，管理跨度较大，可以有更高的集权程度，正规化、标准化的程度也更高。机关事务管理面对的都是非常具体实际的工作，不管是办公用房、公务用车、职工住房、财务、节能、公积金的管理，还是餐饮、绿化、保洁等后勤工作，都需要具备较高的专业化程度才能实现更高的劳动生产效率。不同职能的管理对象、程序、目标等区别较大，比如办公用房管理与办公区节能管理显然不同，所以按职能设立部门有助于强化专业化程度。

要想解决机关事务管理职权交叉、职责重叠、权责混乱的问题，就需要建立线性程度更高的职权职责体系，也就是专业化、职能化体系。管理跨度是一个管理者可以有效率、有成效地管理员工的数量，传统的观点认为5—6个是较优的数值，但是随着现代信息系统的使用，管理跨度大幅度提高，而且在国家编制不断压缩的情况下，必须通过扩大管理跨度来承接更多的工作任务。一般而言，组织规模大、环境稳定、高层管理者的决策能力强，比较适应相对集权的组织模式，正是由于各自为政的分权模式严重导致效率、效能不高，所以，我国当前的机关事务管理工作需要进行重大调整。只有统一管理标准，才能保证服务效果、保障质量不会出现差异分化，才能避免工作中"苦乐不均"的现象。

总体而言，建设集中、统一的职能型组织结构是我国机关事务管理部门体制创新的改革方向。党的十九届四中全会就强调，以加强党的全面领导为统领，以国家治理体系和治理能力现代化为导向，以推进党和国家机构职能优化协同高效为着力点，改革机构设置，优化职能配置。随后，中共中央印发了《关于深化党和国家机构改革的决定》（以下简称《机构改革决定》），拉开了党政机关机构与职能改革的序幕。这次改革的一个主要目标就是推进政府事务综合管理与协调，按政府综合管理职能合并政府部门，组成更大部门的政府组织体制，其特点是扩大一个部门所管理的业务范围，将多种内容有联系的事务交由一个部门管辖，整合具有相同职能的部门，最大限度地避免政府职能交叉、政出多门、多头管理，从而提高行政效率，降低行政成本。根据《机构改革决定》中"坚持一类事项原则上由一个部门统筹、一件事情原则上由一个部门负责"的精神，各级党政机关应当成立统一的机关事务管理机构，以统一的专业化部门负责对机关事务的管理工作。

第二节　完善机关事务管理领导机制

完善机关事务管理领导机制，要求构建集中统一的管理方式，即以专业化的中央部门实施集中统一领导，以规范中央对地方的纵向监管和地方政府机关事务管理部门之间的横向沟通合作。这种领导机制不但能够提高机关事务管理效率、优化机关事务管理资源配置、改善机关事务管理部门之间标准不统一现象，还能够有效提升监管力度，杜绝"以权谋私"和"资源滥用"现象，将机关事务管理纳入法治化轨道。

一、明确机关事务主管部门规格

《机构改革决定》指出:"合理配置宏观管理部门职能。科学设定宏观管理部门职责和权限,强化制定国家发展战略、统一规划体系的职能,更好发挥国家战略、规划导向作用。"2013年以前,我国没有一个负责机关事务宏观管理职能的部门,更名前的国务院机关事务管理局,主要负责中央国家机关经费、财务、公务用车、国有资产和房地产管理,以及指定范围的党和国家领导人以及有关服务对象的生活服务管理工作。在行政隶属上,国家机关事务管理局是国务院直属机构,是一个副部级的行政单位,在实际工作中限于行政隶属关系和法律、法规赋权问题,难以指导、协调整个中央党政机关的事务工作。

与此同时,政府已经意识到理顺机关事务管理部门职责和权限的重要性。过去我国经济相对落后,财力、物力都十分薄弱,机关事务管理部门为了节约资金,减轻财政负担,多实施"一家一户式"管理模式,导致全国各地方内部工作出现混乱,上下级之间分工不明,无法落实责任制,资源分配不均,缺乏统一标准,服务保障质量苦乐不均。这种分散的组织结构格局造成各部门分别出台资产配置、机关后勤、生活保障等制度标准,同一行政区域内的不同系统和同一系统的不同部门之间的服务保障标准不一致,执行中存在一定的主观性和随意性,导致系统和部门间相互攀比,造成资源不必要的浪费。这种组织结构分散、职权责任不集中的格局,导致机关事务管理工作多处于简单化、分散化管理的状态,各地各系统机关事务管理部门难以统筹协调同一地区、同一系统内不同部门间机关事务管理工作和国有资产、资源的利用。为了提升服务保障质量、协调横向和纵向关系,多地机关事务管理部门正职领导通常由政府副秘书长兼任。但是,由于缺乏法律、法规的授权,这种做法不能从根本上解决问题。

二、构建中央对地方的集中统一领导方式

著名管理学大师亨利·法约尔提出 14 条管理原则,其中"职权、纪律、统一指挥、统一领导、集中"都涉及集中统一对管理效率和效果的提升作用。对于机关事务管理而言,提高管理效率、效能就意味着要加强国家机关事务主管部门对地方管理部门的集中统一领导、统一管理、统一监督、统筹协调。但是,各层级、各系统机关事务管理部门负责各自的事务管理工作,相互独立,彼此没有关联,容易导致政令不畅,各自为政、分散管理的管理体制难以科学、有效地统筹和利用公共资源。实践中,机关资源不统筹,调剂机制不健全,资源、资产占用苦乐不均,重复建设和浪费较为严重,机关资产难以得到集约、高效利用,资产部门化、部门利益化现象比较普遍。这就要求机关事务管理部门作为国有资产、公务用车、公共机构节能、基本建设投资、公务接待等工作的管理主体,必须建立系统和行业指导关系,统一行业标准和工作要求。

"强有力的国家整合能力,是实现国家治理现代化的重要基础,也是国家治理现代化的题中应有之义;国家整合,既包括实现、维护主权和领土完整,也包括建立健全全国统一的交通体系、统一的市场体系、统一的司法制度,形成一整套标准统一的规则体系和治理体系。"[①]因此,由国管局对全国机关事务管理部门实行系统化、行业化领导,是落实中央政策、保障国家机关正常运行的必要前提。要实现这一目标,至少要做到两点:一是制定、落实行业规划。这主要是指在总体规划的基础上,编制区域规划、加快完善专项规划和项目规划,建立规划检查落实机制和评价反馈制度,形成以规划统一认识、用规划指

---

① 十八大以来党中央治国理政的政治思想研究课题组:《推进国家治理体系和治理能力现代化的思想与实践》,载《前线》2017 年第 6 期。

导工作、靠规划谋划发展的工作格局。二是加强行业标准建设。这主要是指建立科学规范、系统完善的保障制度，实现工作制度统一、标准统一、资源统筹、监管有力。特别是建立定额完整、体系健全的保障标准，有助于解决标准缺失、尺度不一、相互攀比等问题。此外，还要实现同一地区、同级预算单位之间在机关事务基本制度、资源配置和服务标准上的统一。①

三、加强机关事务行业联络指导

加强中央对地方机关事务管理实行全面指导是十分必要的。在"块块管理"体制下，各地区机关事务管理部门的机构设置不够平衡，同级别机关事务管理部门的机构编制、级别规格、隶属关系、职责范围不尽相同，受党政机关主要领导意志的影响较大，政策取向和具体工作也缺乏相对的稳定性。《机构改革决定》指出："确保集中统一领导。地方机构设置要保证有效实施党中央方针政策和国家法律法规。省、市、县各级涉及党中央集中统一领导和国家法制统一、政令统一、市场统一的机构职能要基本对应，明确同中央对口的组织机构，确保上下贯通、执行有力。"因此，在组织机构设置上，应该重点打破"块块管理"体制，强化中央对地方、上级对下级的"条条管理"，建设"条块结合、架构统一、权责一致"的形式。按照现代管理学理论，这是一种以事业部结构为主、学习型组织为辅的组织机构模式。事业部结构是一种由相对独立的事业部或业务单元组成的组织结构，每个事业部都有一定的自主权，由事业部管理者对该事业部进行管理并对其绩效负责，公司总部通常充当外部监管者，协调并控制着不同的事业部，并为这些事业部提供支持性服务。学习型组织是培养员工持续学

---

① 王德：《以建设现代政府为目标大力推进机关事务治理方式改革》，载《行政管理改革》2017年第4期。

习、适应和改变的能力，以更高质量地满足机关事务管理的需要。国管局作为中央层面的主管部门，对管理、服务、保障职能完整的地方各系统机关事务管理部门，进行业务指导、绩效评估、监督检查，综合运用政策规划引领、定期会议研讨、集中教育培训、开展数据统计和信息报送等多种方式，积极加强对本级机关事务的管理和下级机关事务的指导。

管理绩效的提高需要各层级、各系统的集中统一领导和高效的合作，这一目标的实现需要适当的组织权力运用。通常认为，组织权力包括五类：决定权是组织内各管理职位固有的、法定的、正式的权力；奖赏权是奖励下属的权力；强制权是惩罚的权力；专长权建立在专业知识水平存在巨大差异的基础上；感召权源于人们的爱戴和拥护。在现行体制下，国管局由于掌握大量专业知识、负责相关条例政策制定等原因而具有一定的专长权和感召权，但是其对地方各层级机构的决定权、奖赏权、强制权没有法律保障和国家授权。所以，增强国管局的组织权力，特别是通过制定法律赋予其对资产和资源管理的决定权、对地方各级机关事务管理机构执行标准和行使职能的奖赏权和强制权、对法律和政策制定的专长权和感召权，有助于建立职能任务明确、权责清晰的集中统一组织体系。

目前，可以参照我国现行行政体制中中央各部委与地方厅局之间的职权层级关系，理顺中央和地方机关事务管理部门的职能和权限，逐渐调整下属事业单位所承担的行政职能，将其行政职能转给上级机关事务管理部门，后勤服务职能转由企业负责、实现社会化。例如，为了体现权威性，美国联邦总务署、俄罗斯联邦总统事务管理局等都是由总统直接管理的部门，主要负责人由总统任命；俄罗斯联邦总统事务管理局局长为副总理级，副局长和下属二级局局长为部长或副部长级，这是可以借鉴的经验。对于国有资产管理而言，可以成立国有独资或控股公司，在保障服务质量的基础上，按照市场规律经营，管理酒店、会议中心、公务用车、餐厅、物业等国有资产。根据《关于政府向社会力量购买服务的指导意见》的要求，拓展利用社会力量的范围和方式，各级机关优先向社会购买基本建设类、维护维修类、资产服务类、会议培训类、公务接待类、物业服务类、餐饮服务类、幼教保育类、安全保卫类等后勤服务；在机关后勤服务、工程造价咨询、项目建设、能源管理、节能改造等领域，以政府与社会资本合作、服务外包、委托管理等方式，积极借助各类市场主体提供服务保障。

第三节 优化机关事务运行保障

机关事务运行保障是组织运作的重要方面，一个好的制度的建立，一个好的政策的落实，有赖于组织的执行能力。执行力强、运行高效、科学完备的体系是运行保障的重要指标。在深入推进党和国家机构改革的过程中，提高专业化和系统化是两个重要的方面，实现事权和责权的统一是重要内容。通过整合职能、优化功能、细化权能、强化域能，新时代党和国家机构以更加科学、合理的职能设置，更加高效的组织体系，更加完备的治理机制，更加集中的管理体系，更加有效的执行能力，更加集成的事项设置，保障新时代国家机构治理体系和治理格局更加高效的运行。

一、推进管办分离的机关事务供给机制

后勤服务社会化是目前世界各国机关事务管理的普遍趋势。在我国，服务和管理是机关事务传统的两大职能，随着市场经济体制的逐步完善，"服务"与"经营"可以由社会中更具效率的公司或机构来提供，而机关事务管理部门的主要精力就可以从具体而烦琐的后勤服务工作中抽身出来，做好对服务的管理和国有资产管理，以保证政府机关的高效有序运转。

（一）国外经验

美国、德国、澳大利亚等国机关事务管理部门善于充分利用社会力量和市场机制，在房屋管理、物业管理、公务交通、餐饮、公务旅行等非核心职能方面，通过招标和签订合同等方式，引入社会化、专业化的服务提供商，一方面可以提高服务效率和服务水平，另一方面可以起到降低成本的作用。

美国联邦总务署具有国有资产管理和商业服务中介双重职能，在房地产管理和集中采购等过程中起着中间商的作用：一方面作为采购商，在合同法等法律的保护下，通过招标、签订合同，与企业之间建立遵循价值规律的、公平交易的商品供求关系，并通过合法的竞争手段，以最优惠的价格直接采购高质量的商品与服务。另一方面作为销售商，把从企业购买到的商品与服务，有偿地提供给政府各部门，并对多余的物资和闲置不用的房地产进行调剂、拍卖。

德国政府机关运转所需的各项后勤服务，如物业管理、公务交通、餐饮、公务旅行等，基本上由各部门以合同方式从市场购买获得，机关后勤服务保障主要依托社会力量提供。各部门只有少量精干的后勤管理人员负责机关经费与所需办公物资、服务的采购管理和服务合同的管理监督。例如，公务用车社会化，部长、国务秘书按规定配专车，其他官员都使用招标定点出租汽车公司租来的车或搭乘定点公司的出租车；机关餐饮社会办，机关食堂通过向社会公开招标、选聘经营者，为公务员提供物美价廉的午餐。

澳大利亚在保障机关办公服务方面，也主要采取商业运营方式，将有关的服务项目，如办公楼的维修、设备设施的运转维护等，承包给社会上相应的经营单位，机关不直接承担具体服务。1996年以来，澳大利亚开始房产管理改革，将多余或闲置的政府房产向社会拍卖；同时，推进办公用房的商业化管理，将非国防部门房产的管理工作外包给市场主体，实施专业化管理。

社会化、专业化的管理方式有助于降低行政成本。例如，美国联邦总务署通过引入竞争，把自己推向和社会专业服务机构同等的市场地位，用低于市场平均价格的方式向各部门提供办公用房、公务用车等租赁服务，最大限度地降低了各项费用。联邦总务署还注重采用专业化手段实施管理，降低成本。比如在政府采购方面，由于拥有大量专业采购官员，采购机制灵活，采购技术先进，特别是大单一次性采购、电子采购、智能支付卡等方式的运用，使其成本控制有着其他机构不可比拟的优势。英国政府通过精简人员、控制资产配备等方式降低行政成本，取得了明显的成效，同时还采取优化职能配置、提高人员技能、实现资源共享和服务外包等措施降低行政成本。

（二）浙江经验

在机关后勤服务改革中，浙江省是国内机关后勤社会化的先行者和较成功的样板。根据"国办发〔1998〕147号文件"的精神，浙江省机关事务管理局及时提出深化省级机关后勤改革思路，通过机构改革，推进服务保障模式转型，把重点放到定政策、抓督查、严监管上来，综合选用新兴的管理手段和工作方式。同时，强调变"具体做事务"为"统筹管服务"，通过建立机关事务统一集中管理体制、加大购买社会服务、推进后勤经济发展等多项措施，促进机关事务管理工作的转型升级。

"浙江经验"的具体做法包括：将物业管理、产权登记、保障性住房建设等事务性工作委托局属单位承担，区分机关和局属单位各自的职责分工；将机关事务服务和管理职能分开，制定"管"和"放"的项目清单，加大购买社会服务的力度，实现由"内部自我服务为主"向"主要由社会提供服务"转变，以满足多元化需求、提高服务效率。简单地说，就是"花钱办事不养人"，在市场上购买优质价廉的服务，不新增编制和机构。通过引进社会专业化服务公司，把该管的事管住、管好、管到位，把不该管的事交给市场和社会。

（三）改革路径

为了建设精简、高效的现代政府，提高资源利用效率，我国的机关事务管理应借鉴美国、英国、俄罗斯等国家的经验，推动后勤服务机制创新，将保障供给与开拓市场结合起来、集中管理与分散服务结合起来、强化管理局对机关事务的管理与弱化各部门对机关事务的管理结合起来，将办后勤与管后勤分开，采购与使用分开，用人与管人分开，只有这样才能搞活后勤服务经营单位。

也就是说，在机关事务两大职能中，应明确区分机关事务的管理职能和后勤服务职能，管理上抓好制定政策、确立标准、建立制度、配置资源、评价考核等工作；服务上坚持市场的决定性作用，改革现有后勤服务机构，推进机关购买服务，建立契约关系。当前后勤服务方面的重点要明确服务的项目、内容、标准、质量，管理层面的重点要明确管什么、怎么管。

有必要指出的是，后勤服务的社会化、市场化是改革方向，能通过市场办法解决的统统交给市场，而机关事务管理部门是政府行政管理的组成部分，也是政府自身建设的重要方面，除了搞好后勤服务管理之外，还承担着制度建设、资产管理、项目招投标等管理职责，这些职能过去、现在和将来都不可能被社会化。

二、加强机关事务的运行监督管理制度建设

第一，深入推进学习制度建设，加强自主监管意识和思想建设。深入学习贯彻习近平新时代中国特色社会主义思想，建立全体学习与支部学习结合的学习体系，不断强化学习能力建设，将学习与日常工作结合，不断提高对自我的政治要求，提高自身政治素养。把纪律挺在前头，规矩立在前头，自我监管意识提高，按规矩办事，守规矩办事，机关事务运行的机制就会各归各位，顺畅运行、严丝合缝。端正学风，坚持学有所获，学以致用。大力弘扬理论联系实际的马克思主

义学风，注重实效，不搞形式主义，把学习与调研、学习与工作、学习与创新结合起来，传承优良传统。

第二，深入推进日常监管工作制度建设。日常监管是长效监管机制的基础。加强日常监管能力建设，既要防止"制度疲劳"，监管韧性随时间的推移而弱化；也要防止制度更新不及时，产生制度惰性。机关事务运行和监督工作，要加强日常监管、常态机制，时刻将规矩立在前头，使得工作人员能够将规矩意识内化于心、外化于行。此外，深入推进日常监管工作，要注重机关监管工作实际，一方面要防微杜渐，加强对工作人员的日常教育，同时要厘清工作程序、工作规则、工作职责、工作权限，避免因规矩不清、权责不明导致的"犯规"现象出现。另一方面，要建立容错机制，为敢于担当者而担当，为敢于作为者而担当。把日常监管制度建设成日常工作的安全网，敢于创新、担当工作的防波堤。

第三，深入推进财务监管制度建设。严格遵守国家有关财经法律、法规和财务规章制度，坚持量入为出，厉行节约，坚决反对"四风"，严格落实中央"八项规定"精神。与日常监管制度结合，建立和完善常态化的财务制度，加强预算管理和决算控制。既要减少"繁文缛节"，减少不必要的报表，提高财务核销制度的办公自动化水平；又要健全财务信息统计和汇报制度，为领导决策和调度资金提供依据。列入政府集中采购目录或达到限额标准的货物、工程和服务类项目的开支，必须按规定实行政府采购，并完善手续。

第四，深入推进党风廉政建设。作风建设是党的生命线。机关事务的作风好坏直接影响到机关运行的保障能力。一支作风实、作风硬的队伍，始终是事业发展的重要保证。深入推进机关事务党风廉政建设是中国特色机关事务监管机制的独有制度优势。党要管党，从严治党，机关事务管理的特性就决定了其必然是党要管党、从严治党的重要领域和部门。具体而言，一是要时刻绷紧作风这根弦，这样才能绷紧服务与保障这根弦。二是要坚决与消极腐败做斗争，建立健全腐败治理与预防机制；既要处理害群之马，又要保护好我们的干部；既要形成不敢腐的压力，也要形成不能腐的制度，更要形成不想腐的氛围，把精力集中到新时代干事创业上来。三是实现巡视制度常态化，将定期巡视与突击巡视相结合，将日常巡视与抽查巡视相协调，实现巡视与日常监管结合，织就监管的密集网络，无死角，无漏洞。

三、全面加强政治建设

第一，要全面加强党对机关事务的领导。将党的领导贯穿到机关事务的全过程和全域。机关事务的系统建设、全域供给的推进，归根到底是加强机关事务的能力建设，能力建设的最终目的是保障党政机关高效运行。而对于机关事务管理来说，这些都是在党的全面领导和强有力的领导之下实现的。机关事务能否实现系统优化，既适应外部环境，又促进内部系统的日常运作和应急运作，一个强有力的领导核心发挥系统中枢作用是非常重要的，而这个中枢实际上就是党的全面领导。党的政治领导、组织领导、思想领导是机关事务系统完备建设中最核心的系统要素。

第二，要全面加强机关事务的表率能力。既要在深入学习贯彻习近平新时代中国特色社会主义思想上作表率，又要在始终同党中央保持高度一致上作表率，还要在坚决贯彻落实党中央各项决策部署上作表率。这样的要求是新时代机关事务能力建设的必然要求。新时代的发展任务千头万绪，前途发展任务繁重，机关事务管理的能力在全面落实中央精神，全面落实中央部署，保障党政机关运行上发挥着重要的作用。具体而言，深入学习思想理论，明确新时代工作的责任感、使命感，以马克思主义中国化的最新成果武装头脑，科学做好机关事务。始终同党中央保持高度一致，明确工作的方向、行动的方向，牢固树立"四个意识"，全力提高保障能力。坚决贯彻落实党中央各项决策部署，明确工作的目标和主动性，以实际行动保质、保量、高效地完成中央的决策部署，让党放心、人民满意。

第三，要建构人民满意的机关事务管理运行机制。要坚持以人民为中心的发展思想，始终以造福人民为最大政绩。进一步加强机关事务运行机制建设，加快流程改革，减少"繁文缛节"，以高超的技艺，以人民为中心的工作态度，深入推进机关事务运行机制系统治理能力建设，主动作为，勇于担当，不断增强服务和保障群众的获得感，切实解决群众的身边事。

第五章 机关事务法治化建设

2014年10月23日,习近平同志在党的十八届四中全会第二次全体会议上的讲话强调:"能不能做到依法治国,关键在于党能不能坚持依法执政,各级政府能不能依法行政。"这表明在建设法治中国过程中,依法执政和依法行政建设具有先导、示范、支撑和带动作用。推进机关事务法治建设,既是推进依法行政和依法执政的关键环节和内在要求,也是深入贯彻落实习近平新时代中国特色社会主义思想、实现机关事务管理体系和管理能力现代化的必要前提和重要举措。机关事务管理的现代化主要有"七项标准",即机关事务管理的法治化、标准化、规范化、精细化、职能化、信息化和绩效化。机关事务法治化是指机关事务的管理行为有法可依、于法有据、全面守法。在机关事务管理现代化的"七化"体系中,法治处于首要位置,对于推进新时代机关事务管理建设具有至关重要的意义。

推进机关事务法治化,需要机关事务管理部门主动融入国家治理体系和治理能力现代化进程,用法治意识思考问题,用法治方式深化治理,实现治理法治化。党的十八大以来,党中央、国务院高度重视机关事务法治建设,积极推进机关事务立法工作,规范机构职能,提高机关事务法治化程度。但是,由于机关事务涉及广泛、高度复杂,在推进机关事务法治化的过程中,逐渐显现出一些体制性弊端、机制性矛盾和深层次问题,亟须深入探索机关事务法治建设规律,运用法治思维和法治方式推进机关事务改革创新与发展。

第一节　机关事务管理的法律性质和法治保障的现状

党的十八大以来，法治政府建设和依法行政的深入推进，为机关事务管理部门进一步提升法治思维和依法行政能力、改进部门间的协同、规范机关事务管理和机关运行保障行为等，创造了良好的法治环境。党中央、国务院陆续出台了《党政机关厉行节约反对浪费条例》《党政机关办公用房管理办法》《党政机关公务用车管理办法》等重要的规范性文件。2015年，国管局印发的《关于加快推进机关事务法治建设若干问题的意见》明确了机关事务法治建设的总体要求、主要任务、推进措施。2017年，国管局印发的《机关事务工作"十三五"规划》将机关事务法治建设明确为九大重点任务之一，奠定了机关事务法治所依赖的制度基础。

一、提高机关事务法治化水平的重要意义

机关事务是对国家机关内部工作进行的有效管理，属于政府行政管理的一部分。在积极推进国家治理体系和治理能力现代化的背景下，推进机关事务法治建设对于建设法治政府、党政机关全面履行职能、加强机关事务管理部门自身建设具有重要的现实意义。

（一）机关事务法治化是建设法治政府的重要内容

机关事务是党和国家行政工作的重要一环[①]，作为加强政府自身建设的职能部门，机关事务管理部门在推进法治政府建设中肩负着重要任务，对保障党政机关的正常运行责无旁贷。

当前全面推进依法治国和依法执政的形势和任务决定了必须进一

---

① 陶雪良：《论机关事务的本质属性》，载《中国机关后勤》2018年第1期。

步推进机关事务管理工作职责、权限、程序、标准的法定化，做到依法定职、依法决策、依法办事、依法服务。同时，建立服务型政府的愿景要求机关事务管理部门必须加强自身服务意识，健全内部体制、机制，增强后勤服务保障功能。党的十八大以来，各级政府依法行政，把权力关进制度的"笼子"，行政权力的行使不再"任性"，行政执法越来越规范。在建设法治政府的大背景下，随着机关事务管理职能、工作内容、外部环境的不断变化，对机关事务管理水平、保障能力、服务质量提出了更高的要求，也在客观上要求新时代机关事务发展理念推陈出新，及时将改革经验上升为法律制度措施。同时，近些年党中央、国务院出台了一系列关于作风建设的法规、规章，对机关事务反腐倡廉建设提出了新要求，也是机关事务法治化建设面临的新形势，更是加快机关事务法治化步伐的新契机。此外，作为一种内部行政行为，将机关事务管理纳入法治化轨道，是深入开展依法行政的要求，机关事务内部治理的愿景和目标不仅仅是忠诚和效率，良法善治和实质行政同样也是法治的核心追求。机关事务管理涉及上级机关对下级行政机关的批复、指示、命令以及同级机关之间往来的公函、通知、建议、意见等，是一种内部行政行为。按照传统行政法的观点，对内部行政行为的规制主要是通过承担内部行政纪律处分的方式解决，而并不通过法治方式规制，也不具有可诉性，由此可能会受到狭隘规则主义、制度主义和形式主义的羁绊。随着全面推进依法治国事业的不断深入，内部行政权力与其他权力一样，同样应纳入法治轨道，必须放入制度的"笼子"里依法行使。

总之，推进机关事务法治建设是提升管理效能、保障国家机关依法全面履行职能的重要手段，机关事务管理部门负责为政府机关高效、有序运转提供服务保障，必须按照建设法治政府的要求，不断提高各项工作的法治化水平，加强和改进自身建设。"党政机关只有依靠机关事务管理和机关政务管理两个车轮协调运转，依靠机关事务部门提供管理、保障、服务作支撑，才能全面履行职能。"①

（二）机关事务法治化是党政机关全面履行职能的重要保障

法治化是治理现代化的突出特征和基本保障。改革开放以来，伴随着我国社会生产力的迅猛发展和市场化进程的不断深入，行政职权急剧膨胀，以传统官僚制为核心的管制行政得以普遍推行，形成了管制型机关事务治理体制。其弊端在于，以"命令—服从"为主要模式的管制型内部治理促使行政权力向上集中，由于行政职能扩张和机构密置，机关事务管理主体间的关系呈现出碎片化和重叠化状态，在导致行政效率低下的同时，权力之间相互监督制衡机制难以建立。

机关事务作为内部行政管理的重要组成部分，其计划管理和文官官僚制决定了其具有面广、线长、事杂、人多的特点，深化法治建设既是对机关事务的约束，又是对机关事务高效运行的保障。为确保庞大、复杂、多元的机关事务协同运转，适应流程化行政过程的需要，势必需要严密的机关事务管理法治体系和程序规范，严格依法依程序行政；同时，也要求一切机关事务管理人员都必须严格执行党纪国法，杜绝发生违法乱纪行为。只有通过推进机关事务法治建设，借助法律形式上的权威建构公平公正、公开透明的机关事务体制、机制，才能保障党政机关依法全面履行职能。党的十八大以来，在党中央的坚强领导下，出台了《中央政治局关于改进工作作风、密切联系群众的八项规定》《中国共产党廉洁自律准则》《中国共产党纪律处分条例》《党政机关厉行节约反对浪费条例》《党政机关国内公务接待管理规定》《党政机关公务用车管理办法》《党政机关办公用房管理办法》等一系列党内法规，严厉打击了不正之风，使得形式主义、官僚主义、享乐主义和奢靡之风得到有力整治，推动了党政机关的自身建设，带动了

---

① 张世良：《加快推进机关事务法治建设》，载《新华每日电讯》2015年2月5日。

党风、政风、社风的明显好转。

然而,当前机关事务法治建设面临的一些深层次矛盾还没有从制度上予以化解,也没有从根本上得到解决,没有形成常态化、长效的制度机制,相关法律、法规、制度贯彻执行的基础还不够稳固。① 因此,通过推进机关事务法治建设,形成经常化、常态化、长效化的制度机制,是预防和惩治腐败行为、推动党政机关自身建设、推进节约型机关建设、完善内部行政行为规范化的有力保证。通过打造法治财务、法治资产管理等,依法实施政府采购,依法推进项目建设,依法开展监督检查,将法治理念和法治方法贯彻到工作的全过程、全领域、全时段,织牢制度的"笼子",建立不能腐、不敢腐的监督制约机制和全程制度化的机关事务管理体制,从而推动党政机关自身建设,降低机关事务管理成本,提高机关事务工作效率,不断规范机关事务管理行为。

(三)机关事务法治化是加强机关事务标准化改革的重要基础

党的十八大以来,机关事务法治化建设稳步推进,国家以立法的形式明确了机关事务管理部门的职责地位。与此相配套,有关部门和地方也相继出台了一系列规范性文件,为机关事务管理部门依法履职提供了重要的法律依据,推动机关事务管理全面步入法治化轨道。但囿于法律、法规内容的专业性、概括性和原则性,在实践中的可实现性和可操作性较弱。例如,《机关事务管理条例》第3条明确规定,县级以上人民政府应当推进本级政府机关事务的统一管理,建立健全管理制度和标准,统筹配置资源,但具体制定标准的主体、程序、内容并未明确。

标准化是机关事务法治化的延伸,是在法律、法规基础上推进治

---

① 张世良:《加快推进机关事务法治建设》,载《新华每日电讯》2015年2月5日。

理的制度化、流程化和规范化举措,对于机关事务法治化具有深远意义。标准作为集科学性、技术性和经验性于一身的柔性规则,与刚性的法律、法规相比,虽然强制性标准也具有规范性和一定程度的强制性,但标准更加具体细致,是法律、法规的细化和延伸。"法律主要回答可为还是不可为的问题,而标准则包含许多定量要求,主要回答如何为的问题,具有较强的可操作性。"[①] 标准化的核心就是将法律、法规的理念、原则、方法进一步运用到机关事务管理中,通过制定标准并付诸实施,达到质量目标化、方法规范化、过程程序化、管理精细化,从而获得优质的管理保障和服务水平。

二、机关事务管理相关立法梳理

在机关事务综合性立法方面,根据中国人大网法律、法规数据库,截止到2018年6月1日,我国共有机关事务综合性立法29件;其中,行政法规1件,即《机关事务管理条例》;上海市、重庆市、天津市、浙江省、山东省、福建省、湖南省、云南省、江苏省、陕西省、湖北省、四川省、海南省、河北省、吉林省、宁夏回族自治区16个省、自治区、直辖市以及杭州市、宁波市、深圳市3个设区的市已制定以规范机关事务管理为主要内容的地方政府规章。

在机关事务专项立法方面,根据中国人大网法律、法规数据库,截止到2018年6月1日,在财务和运行经费管理方面,中央层面制定了《基本建设财务规则》《行政单位财务规则》《事业单位财务规则》,地方层面制定了17项地方性法规和规章。在资产管理方面和在后勤、计划生育等社会事务管理方面,法规主要有《国家机关国有资产登记暂行办法》,其余事项主要由规范性文件规制。在人防管理方面,部门

---

① 高鹰忠:《发挥标准化在国家治理中的重要作用》,载《人民日报》2015年10月21日。

规章有《中央国家机关人民防空行政处罚实施办法》《中央在京单位结合民用建筑修建和使用防空地下室暂行管理办法》以及各地人民防空管理规定共计近百件。在政府采购方面，有《政府采购法》及《政府采购法实施条例》。

除了上述法律、法规、规章以及规范性文件，还有《党政机关厉行节约反对浪费条例》《党政机关办公用房管理办法》《党政机关公务用车管理办法》等党内法规对机关事务管理做出规定。

此外，截止到 2017 年 6 月 1 日，各地区不断完善配套的规章制度，21 个地区印发了贯彻落实《党政机关厉行节约反对浪费条例》《机关事务管理条例》《公共机构节能条例》的实施细则或办法，14 个地区公布了实施《机关事务管理条例》的办法或意见，27 个地区印发了公共机构节能管理办法，机关事务管理制度体系逐步健全。

三、机关事务法治建设存在的问题

随着改革进入攻坚期和深水区，依法治国全面展开，法治政府加快建设，机关事务管理部门的治理模式陈旧、功能缺陷等深层次问题的弊端日益凸显，内部治理体制、制度和措施与良法善治的目标要求还有较大差距，机关事务管理现行的以规范性文件为主、法规制度为辅的制度体系越来越难以适应新形势、新任务的要求。机关事务管理工作存在诸多不足之处，在一定程度上导致了当前机关事务管理职能不完善、管理制度不健全、工作分配不科学等问题。[①] 主要问题表现为以下方面：

第一，作为目前机关事务管理最高层级的立法，《机关事务管理条例》仅涉及经费管理、资产管理、后勤服务管理三项内容，但机关事务涵盖财务管理、资产管理、房地产管理、社会事务管理、人防管理、

---

① 攀峰：《机关事务管理工作及职能研究》，载《法制与社会》2014 年第 18 期。

住房制度改革、住房公积金、驻京（省会城市）办事处管理、政府集中采购、公共机构节能等多方面工作，《机关事务管理条例》并不能对现有主要机关事务进行覆盖。同时，《机关事务管理条例》公布于2012年6月28日，党的十八大以来，以习近平同志为核心的党中央以前所未有的力度推进全面依法治国进程，法治政府建设持续深入，但《机关事务管理条例》还存在与依法执政、依法行政的新发展要求不适应、不协调、不匹配、不衔接、不一致等问题，而且，也未及时将党的十八大以来机关事务改革的成熟经验上升为具体的法规内容。此外，《机关事务管理条例》规范的事项不够具体，原则性太强，缺乏有效的监督制约手段，导致权威性不够，管理效力低，实践中的执行效果并不理想。受制于这一内在缺陷，机关事务管理不得不大量依赖执政党政策和一般规范性文件进行管理，相比具有稳定性、统一性和规范性的立法，明显存在碎片化、不科学等缺陷，难以起到规制把关作用。因此，机关事务管理法律体系亟待加强和完善。

第二，缺乏规范机关事务组织方面的法律。不仅是机关事务组织的管理无法可依，我国行政机构内部治理长期缺乏必要的正式法律规范。对于行政职能配置和机构设置，目前仅有《国务院组织法》和《地方各级人民代表大会和地方各级人民政府组织法》两部法律，行政机构职能目前主要由"三定"方案和权力清单来确定，二者存在法律地位不明晰、与权力法定原则相冲突等法律瑕疵问题[1]，只是具有过渡性质的行政自制规范。由于缺乏机关事务组织方面的法律，导致机关事务管理的职能配置不完善、管理机构设置不科学，管理标准不统一、服务保障不规范，造成机关事务管理、机关公务保障、机关公共服务职能缺位、越位、错位的问题同时并存；加上机关事务管理职能、机构、工作内容以及与相关部门的关系等问题并未得到妥善解决，在一

---

[1] 喻少如、张运昊：《权力清单宜定性为行政自制规范》，载《法学》2016年第7期。

定程度上又导致机关事务管理各部门、各地区之间以及与相关部门之间职能交叉、职责混淆、权责脱节，使保障经费过度增长与保障经费不足、资产配置过渡与资产闲置浪费的问题同时并存。此外，由于机关事务管理职能上下级不对称、不衔接，导致机关事务宏观调控、指导监管的职能作用难以发挥。为此，应积极制定机关事务组织方面的法律，实行各级党政机关事务分级负责、统一管理，确保法律、法规和制度统一、政策标准统一、资产配置统一。

第三，机关事务法治建设仍然存在许多立法空白。由于机关事务管理存在碎片化的体制局限和条块分割，出台的法律、法规有的缺乏系统性和前瞻性，有的事项无法可依，有的事项缺乏详细规定，有的过于原则和笼统，有的事权边界不清晰，有的缺乏监督制约手段，有的存在闭门造车现象。这些问题在客观上造成管理内容不统一、制度标准不一致和地区发展不平衡。例如，涉及国内公务接待实施标准和细则、节约型机关建设、政府机关预算和成本控制、机关服务保障绩效评估、后勤服务市场建设和监管等方面的法律、法规都亟须制定。又如，缺乏机关财务管理法方面立法的保障，导致机关事务管理体制不够完善，致使机关经费保障机制与财政管理体制、机制不匹配、不协调，经费预算机制难以适应公共财政体制的要求，难以适应党政机关自身建设的需要。当前机关事务管理主要依赖的是规范性文件，其创制过程也常脱离行政立法程序的约束，程序空转、程序虚转、程序倒转时有发生，甚至在法外扩充行政机构职能，不符合现代法治精神，甚至会侵蚀政府机关内部治理的法治基础。这种主要依赖规范性文件管理的现状实际上是一种典型的规则供给结构性失衡。

第四，缺乏完善的权力运行监督和责任机制。长期以来，我国对行政分权不够重视，存在该分不分、该放不放、变相集权等现象，机关事务管理是这一问题的"重灾区"。当前机关事务管理单位的内部控制和监督制度体系缺位，权力运行和制度执行的督促、监督和检查机制主要依靠党内法规和规范性文件的约束，部分领域还存在重大决策部门化、部门决策个人化、个人决策随意化的倾向。同时，适应机关事务管理过程中重大决策风险评估和专家论证制度尚未普遍建立，合法性审查机制、重大决策终身责任追究机制及责任倒查机制亟待确立和落实。机关事务管理总体仍处于高度封闭状态，推动体制改革的内在动力不足，路径依赖滋生并压制了行政自制、自觉，机关事务管理部门更倾向于从自身利益和便利角度出发推进行政机构内部治理，造成了一种病态的封闭自治，对机关事务法治化产生了阻力。此外，与西方法治国家对行政机构管理违法行为追究法律责任甚至违宪责任的严厉程度相比，我国的合宪性审查在党的十九大后刚刚起步，对机关事务管理违法行为的追究还主要依赖党纪政纪，未明确专门的追责条款。而且，由于机关事务管理属于内部行政行为，不具有外部可诉性，使得相关救济的中立性机制难以构建。"盖天下之事，不难于立法，而难于法之必行。"法律的生命在于实施，如何确保机关事务严格按照法定程序或规范性文件规定的程序进行是当前机关事务法治建设的重点和难点。行政内部分权是行政机构内部治理的重点内容，也构成内部治理的职权基础。

第五，机关事务管理缺乏法治观念。目前一些地方和部门领导缺乏对机关事务管理地位、作用的深刻认识，缺乏对机关事务法治建设内在规律的准确把握和理性思维。在日常工作中，还存在按经验、照惯例开展工作的现象，有意无意地忽视了法治意识、法治精神的培养[1]，导致机关事务法治建设滞后于改革发展实践，造成机关事务法律、法规不统一、管理不规范、保障不均衡、服务不均等。"同时受传统观念、惯性思维的制约和束缚，混淆了行政管理职能与行政服务职

---

① 焦焕成：《全面落实依法治国要求不断提高机关事务工作法治化水平——在国管局学习贯彻十八届四中全会精神专题培训班动员会上的讲话》，载《中国机关后勤》2015年第1期。

能的本质区别，对机关事务管理部门的性质界定不准、职能划分不清，既制约了正确履行机关事务管理职能，又影响了正常履行机关政务管理职能，从而制约和影响了党政机关依法全面履行职能。"①

第二节 推进机关事务建设的法治化

机关事务法治建设的目标在于推动治理模式逐步从管制、自制向法治转变，主要是体制性的制度构建，包括机构设定和职权配置、组织法制定、监督制度的确立，关键在于决策权、执行权和监督权的规范化、制度化，是一个涉及面广的系统工程，也是一项任务艰巨的深刻变革。党的十八届三中全会提出，有效的政府治理是发挥社会主义市场经济体制优势的内在要求。党的十八届四中全会强调，依法全面履行政府职能，完善行政组织法律制度，推进机构、职能、权限、程序、责任法定化。党的十九大强调，建设法治政府，推进依法行政，严格规范公正文明执法。这是新时代党对政府及其行政机构内部治理提出的宏观要求。当前，应当以习近平新时代中国特色社会主义思想为指导，根据全面深化改革、推进依法治国的战略部署，积极深化机关事务体制改革，加快推进机关事务法治建设，切实提高运用法治思维和法治方式推进机关事务建设的能力和水平，推进机关事务法规建设不断迈出新步伐、迈上新台阶，为推动法治政府建设、全面建成小康社会做出积极贡献。

一、构建机关事务法律、法规体系

健全的法律制度是机关事务法治建设的重要基础。机关事务法律、

---

① 张世良：《加快推进机关事务法治建设》，载《新华每日电讯》2015年2月5日。

法规体系所调整的主要关系为行政职能配置关系、机构设置关系、编制管理关系和行政机构监督法制关系，分别对应机关事务的职能界限、机构形态、员额控制及机构运行保障问题。为此，可以从机关事务内部自生自发的规律和要求入手，体现改革精神和法治思维，顺应我国法治政府总体趋势，以良法善治为根本目标，先行完善法律框架和骨干法律制度，逐步构建内容科学、程序严密、配套完备、运行有效的机关事务法律、法规体系。

第一，推进机关事务管理机构、职能、编制法定化。通过立法创制机关事务管理部门和机构，构建内部治理的法治基础，是西方发达国家的通行做法。例如，美国《联邦财产与行政服务法》创建了联邦总务署。[①] 职能弱化、职能不稳定以及机构职能易受改革因素影响，均为长期以来制约机关事务管理部门发展的"顽疾"，其根本原因就是没有做到机构职能法定化。为此，有必要制定统一执行的机关事务管理法律、法规，重点在于：一是确立机关事务管理机构的法律地位，通过立法规定实行分类定权，健全和规范财务管理、资产和地产管理、社会事务和后勤管理、住房和公积金管理、政府集中采购、公共机构节能、人防管理等基本职能，并将其依法分配至具体行政机构，厘清职责边界，推进机关事务管理机构、职能、权限、程序、责任法定化。二是加快理顺各级机关事务管理职能配置，完善机关事务管理部门内部机构职能配置的法律制度，明确部门和内部机构职能配置的基本法律标准，以此作为确定法律责任、行政赔偿责任及纪律责任的重要依据，进一步理清职责、统筹协调、规范管理，提升机关事务质量效率，推进节约型机关建设、规范权力运行、堵塞管理漏洞、保障科学民主决策，增强机关事务管理工作的透明度和公信力。三是加强机关事务管理体制的研究，将机关事务管理部门编制及相应的法律责任纳入法

---

① 岳世平：《西方发达国家政府机关事务管理的实践及其启示》，载《甘肃理论学刊》2009年第3期。

治轨道，统一机关事务管理部门编制，对行政、事业和合同编制人员进行分类管理；同时，完善在法律规范中根据编制和职务确定处罚、处分等法律责任，使机关事务管理能够更好地适应新时代中国特色社会主义建设的需要。

第二，加强重点领域的法律、法规和制度建设。《国家机关事务管理局党组关于加快推进机关事务法治建设若干问题的意见》明确要求完善机关运行经费、资产、服务和能源资源管理制度，完善会议、公务接待、公务用车、办公用房和职工住房等保障制度，完善机关后勤服务制度。《机关事务管理条例》对经费管理、资产管理、后勤服务管理三项内容已有涉及，但相关规定较为原则，可以以我国《机关事务管理条例》和修订的《预算法》为依据，制定更具体、有可操作性的部门规章。具体而言，一方面，参考美国《联邦资产管理条例》的规定，制定党政机关资产管理方面的行政法规。"十三五"规划纲要指出，要建立涵盖各类国有资产的政府资产报告制度，进一步推动财税体制改革。据此，当前亟须立法规范党政机关资产管理：一是厘清国有资产和政府资产的边界，清算政府资产总数；二是规范资产购置、使用、出售等活动；三是推进政府资产管理与预算管理、债务管理的结合，从而进一步加强政府资产管理制度建设，切实提升政府资产治理能力和治理水平。另一方面，制定机关事务后勤保障方面的立法，对后勤服务、会议、宾馆、会务接待等做出具体规定：一是制定科学的接待制度和标准；二是实现后勤服务资源配置的法定化；三是推行会议管理和标准的法定化；四是推进后勤服务市场化。

第三，完善党内法规和法律、法规在机关事务法治化过程中的职能分工和协调。机关事务同时涉及党务、政务，其法治化需要完善党内法规与国家法律、法规的分工和衔接协同关系。由于党内法规与法律、法规是两个不同的立法系统，二者能够衔接的方面只能是两者共同作用或者相互关联的领域，主要包括调整范围、执法主体、执法程序、执法标准、责任追究等方面。目前涉及机关事务管理的党内法规主要有《中央政治局关于改进工作作风、密切联系群众的八项规定》《中国共产党廉洁自律准则》《中国共产党纪律处分条例》《党政机关厉行节约反对浪费条例》《关于党政机关停止新建楼堂馆所和清理办公用房的通知》《党政机关国内公务接待管理规定》《党政机关公务用车管理办法》《党政机关办公用房管理办法》等。在处理与现在和未来的机关事务管理相关的立法衔接时,应注意如下问题:一是注意国家法律、法规和党内法规在处罚、处分力度上的衔接;二是执法标准上的衔接,避免出现因标准不统一、不协调而无所适从的问题;三是对国家法律、法规调整的内容,如果需要对党组织或党员提出更高要求的,可以通过党内法规做出更为详细、具体和严格的规定,强化党组织和党员对社会风气的引领作用。

二、加强机关事务管理的决策和内部监督机制建设

贯彻落实机关事务法治化的关键环节在于决策和内部监督:确保决策合法是守住了源头,而内部监督机制则确保了相关法律、法规能够得到落实。

第一,构建重要机关事务决策合法性审查制度,推进依法、民主、科学决策。具体而言,一是通过加强行政机关的内部规制,实现对重要机关事务决策全过程的监督与控制,确保决策合法化。二是明确重要机关事务决策合法性审查的主体,由各级机关事务管理部门政策法规科室负责。三是坚持民主决策,扩大机关事务决策的公众参与度,将公众参与、专家论证、风险评估、合法性审查、集体讨论决定有机结合起来。① 四是明确重要的机关事务决策的合法性审查标准,审查标

---

① 张世良:《加快推进机关事务法治建设》,载《新华每日电讯》2015年2月5日。

准是否科学、完备直接关系到审查效果,应对权限、内容以及程序三个方面的审查标准做出明确规定。五是要明确机关事务决策审查程序,包括组建审查小组、开展书面审查、撰写审查意见书等,以及决策审查不合格的退回程序等。六是建立重大决策终身责任追究制度及责任倒查机制,对决策存在严重失误或者依法未及时做出决策造成重大损失的,要严格追究行政领导和相关责任人员的法律责任。

第二,加强机关事务管理的内部监督机制建设。由于机关事务管理关系属于内部行政关系和纯粹的公法关系,"当公法关系双方都是公权力主体时也不矛盾,因为任何一个行政法律关系中只有一个行政机关起主导作用,另一个公权力机关居于相对人的地位"[1]。因此,内部监督是确保与机关事务管理相关的法律、法规得到有效执行的重要手段。内部监督是在行政系统内部建立对系统内的机关以及公务人员的监督制度,是行政权对于行政权进行控制的制度形态。[2] 加强机关事务管理的内部监督,一是完善机关事务管理层级监督,克服层级过多造成的决策重复与信息阻隔问题,设立具有一定限制的"下级监督上级"的逆向监督制度,完善横向分权制衡机制。二是建议完善专项监督,设立机关事务管理内部专门监督机关,明晰和纪检监察部门的关系,赋予必要的监督权力,设计针对行政质量的监控体系。三是将公开制度、公众监督制度与机关事务内部机关的监督相衔接,在确保内部行政工作正常开展的同时,推进公众参与。

总之,机关事务管理内部治理应当顺应从管制、自制向良法善治演进的时代潮流,科学建构体现法治精神的权力约束和监督机制,推动实现实质的行政法治。

---

[1] 熊文钊:《公法原理》,北京大学出版社 2009 年版,第 131 页。
[2] 廖原:《行政内部监督权力结构的法治化探讨》,载《柳州师专学报》2015 年第 1 期。

三、加强机关事务法治建设的宣传教育

高举习近平新时代中国特色社会主义思想伟大旗帜，大力弘扬法治精神，广泛开展机关事务管理法治宣传教育，建立健全法律学习制度和法治培训机制，教育和引导机关事务管理者特别是领导干部的法治思维，增强守法意识和服务精神，逐步改变传统机关事务管理者主要依靠行政命令自上而下实施管制行政的旧观念，加强政务诚信建设和思想道德建设，培育机关事务法治文化。此外，创新机关事务法治理论，与科研院校合作积极开展相关课题研究和专题调研，探索开展相关学科教育，培育专门机关事务管理人才。

第三节 加快构建机关事务法律、法规体系

目前，我国的机关事务法律、法规体系基本上依照《机关事务管理条例》的规定，由各地方制定相关的具体规章制度，规范机关事务管理。从实施《机关事务管理条例》后的实践经验来看，《机关事务管理条例》还需进一步完善和补充，并且仅仅依靠一部行政法规来规范庞大的机关事务管理体系，必然会出现力不从心的问题。因此，需要在《机关事务管理条例》的基础上，通过立法的方式形成完善的机关事务法律、法规体系。

一、进一步完善《机关事务管理条例》

自《机关事务管理条例》公布以来，总体上其内容和形式基本符合近年来的新形势和党中央、国务院的新要求，但有必要从以下方面进一步完善《机关事务管理条例》内容，使其更具操作性。

第一，严格定义"机关事务"的内涵和外延，使得各地方机关事务管理部门能够清楚、明确地知道自己的职责范围和工作定义。

第二，探索全国统一规定机关事务管理部门法律性质和定位的可能性，如明确机关事务管理部门为各级人民政府的组成部门。

第三，在充分调研和协商的基础上，明确定义哪些事项属于机关事务管理部门的职责，哪些事项则属于其他部门的权限。

第四，明确机关事务管理部门上下级之间的指导关系，使之更加具体化，让中央、省、市、县四级机关事务管理部门形成一个有效连贯、良性互动的整体，共同推进全国机关事务法治化建设。

第五，增加《机关事务管理条例》中有关机关事务管理部门"人、财、物"保障的有关规定，可以先行探索做出原则性规定的方法，以促进今后地方政府重视机关事务管理部门建设，从而形成一支强有力的机关事务管理队伍。

第六，对实践中一些不符合实际的机关事务管理规定积极予以修订，努力使《机关事务管理条例》适应新时代的新要求。

第七，修改《机关事务管理条例》中"法律责任"一章的规定。明确行政处分的主体、方式和程序，结合中央全面从严治党的精神，适当地加大对违反规定行为的处分力度。同时，明确赋予机关事务管理部门对其他部门在机关事务管理工作中的监督检查权限，特别是上级机关事务管理部门对下级机关事务管理工作的监督检查权，并明确监督检查的后果，增加监督检查中发现不履行《机关事务管理条例》规定时，对责任人予以处分的规定。

二、探索制定"机关运行保障管理法"及其配套规定

目前，全国范围内有关机关事务管理的法律规范只有《机关事务管理条例》，尽管《机关事务管理条例》已经相当全面地对机关事务管理体制、机制做出了规定，但这只涉及其中一部分机关的制度规范，对不适用《机关事务管理条例》的其他机关来说，仍面临无法可依的状况。所以，可以整合目前关于机关事务管理的所有规范性文件，在

有条件、有能力的前提下，以《机关事务管理条例》为基础将其上升为"机关运行保障管理法"，从而将党内机构的机关事务管理也统一纳入法律的管辖中，真正实现机关事务管理的统一化和制度化。

此外，作为国家机关事务管理工作的主管部门，国管局今后应当依据《机关事务管理条例》第 4 条的规定，加紧会同发改委、财政部、自然资源部等相关部门，共同制定切实可行的配套部门规章。《机关事务管理条例》还需要诸多部门规章予以具体化和明晰化，这也意味着今后立法工作的重点是将已经固定化、制度化的一些规范性文件尽快上升为部门规章，使得一些亟待厘清和明确的相关具体问题有法可依。如此一来，《机关事务管理条例》方能与各种配套的部门规章相结合，共同指导全国的机关事务管理工作。

三、加快机关运行保障立法研究工作

目前，机关运行保障立法已纳入十三届全国人大常委会五年立法规划，有关方面对立法的必要性和可行性予以认可，初步形成了立法共识，对推动相关立法工作具有重要意义。不过，机关运行保障立法被列为立法规划中需要继续研究论证的第三类项目，也反映出相关立法工作的差距与不足，需要进一步加强研究论证，积极创造更加成熟的立法条件，争取尽早出台"机关运行保障管理法"。[①]

第一，强化机关事务管理法律、法规执行，积累更多的立法经验。进一步抓好《机关事务管理条例》的落实执行，推动地方结合实际，及时出台本地区机关事务管理办法以及办公用房、公务用车、公务接待等重点业务领域的制度规定，落实从严规范管理要求、集中统一管理原则、全周期管理方式，切实管住、管好机关运行保障各项业务。

[①] 《关于政协十三届全国委员会第一次会议第 3954 号（政治法律类 411 号）提案答复的函》，http://www.ggj.gov.cn/ztzl/2018qglhzl/xxgc/201809/t20180905_24116.htm，访问日期：2018 年 9 月 19 日。

稳步推进机关事务标准化工作，按照《机关事务标准化发展规划（2018—2020年）》《关于加快推进机关事务标准化工作的通知》的要求，推动构建机关事务标准化体系，健全机关事务管理标准实施监督体系，指导全国机关事务管理部门提升保障质量和效率，并通过现有制度标准的出台与实施，为机关运行保障立法积累更多的实践经验。

第二，深化政策理论研究，全面提升立法质量。深化与科研单位和高校的合作，围绕机关运行保障工作开展研究。赴各地区、各部门开展实地调研，结合文献研究，挖掘和梳理机关运行保障立法需要解决的重点、难点问题，重点围绕机关运行保障管理的内涵和外延、体制和机制、职能设置、保障成效以及机关运行保障立法的框架、重要制度设计、法律责任与监督制约等方面做好专题研究，全方位、多层次为机关运行保障立法提供理论支持，确保立法质量和水平。

第三，加强统筹协调力度，推动科学民主立法。坚持科学立法、民主立法，适时成立立法领导小组及起草工作小组，统筹研究立法工作任务，协调解决立法过程中遇到的重大、疑难问题，做好法律条文的起草、修改完善、征求意见等具体工作。加强机关事务管理、发改委、财政等机关运行保障部门之间的统筹协调，科学合理设计机关运行保障部门的机构设置、职能权限和工作程序等，依法规范各部门之间的权力与责任，推进机关运行保障更好地接受有关各方的监督，为持续加强政府自身建设奠定更加坚实的法治基础。加强与各民主党派、人民团体的沟通交流，通过召开座谈研讨会、书面征求意见等形式，广泛吸纳立法建议，听取社会各界意见，及时回应群众关切，确保机关运行保障立法的科学性与权威性。

第六章　机关事务标准化建设

标准是人类文明进步的成果，也是世界的"通用语言"。[①] 标准是国家治理体系的基础性制度，在推进国家治理体系和治理能力现代化、促进经济持续健康发展和社会全面进步过程中具有重要意义。进入21世纪，机关事务标准化事业快速发展，标准体系初步形成，标准化意识普遍提高，但与政府事权、管理、服务规范化的实际需求相比，还存在较大差距。对此，《国家标准化体系建设发展规划》要求"加强政府管理标准化，提高行政效能"，"构建政府管理标准化体系"；《机关事务工作"十三五"规划》要求加强机关事务标准化基础建设，全文42次提到"标准"；《机关事务标准化发展规划（2018—2020年）》则进一步对新时代机关事务标准化建设提出了具体要求。

大力推进机关事务管理体系和管理能力现代化建设，优化机关管理、保障、服务要素，规范机关事务管理行为，改善机关运作方式，整合机关资源，构建更加科学、高效的机关事务管理体系，不仅是深入学习贯彻习近平新时代中国特色社会主义思想的必然要求，也是认真贯彻落实国务院有关工作部署，切实加强机关事务改革创新发展的重要举措。

标准化是现代化的基本要素，标准化对于机关事务管理具有深远

[①] 《习近平致第39届国际标准化组织大会的贺信》，http：//www.xinhuanet.com/politics/2016-09/12/c_1119554153.htm，访问日期：2018年9月19日。

意义。①《关于加快推进机关事务标准化工作的通知》明确指出,推进机关事务标准化,是机关事务管理系统贯彻落实习近平新时代中国特色社会主义思想和党的十九大精神的重要举措。当前,站在推进国家治理体系和治理能力现代化的高度,如何进一步推进机关事务标准化、发挥标准规范的引领功能,实现标准和机关事务管理的深度融合,提升机关事务保障质量和效益,更好地做好新时代机关事务管理工作,是亟待研究的重大课题。

第一节 推动机关事务标准化的必要性及存在的问题

虽然"机关事务标准化"是一个较新的名词,但是有关标准化的内容在我国早有论及。特别是近年来机关事务标准化建设逐步加强,进一步明确机关事务标准化建设的内容和方式取得了初步的成效。但是,由于存在一些历史的和现实的原因,目前我国机关事务标准化建设还存在一些问题,具有进一步规范和提升的空间。

一、机关事务标准化概论

标准化是现代化的基础。现代机关事务发展的关键在于标准化,而标准化的关键在于机关事务的顶层设计。

(一)机关事务标准化的概念

标准是"是指农业、工业、服务业以及社会事业等领域需要统一的技术要求"②。标准化是指为了在既定范围内获得最佳秩序,促进共同效益,对现实问题或潜在问题确立共同使用和重复使用的条款以及

---

① 王德:《大力推进机关事务治理体系和治理能力现代化》,载《中国行政管理》2017年第3期。

② 《中华人民共和国标准化法》第2条第1款。

编制、发布和应用文件的活动。① 根据《机关事务工作"十三五"规划》和《机关事务标准化发展规划（2018—2020年）》，本书将机关事务标准化定义为：为了提升机关事务保障质量和效益，将标准和机关事务的深度融合，通过制定、发布和实施相关标准或具有标准化功能的行政法规、规章、规范性文件，发挥标准在机关运行保障中的规范、调节、约束、控制功能，以实现机关事务在秩序和管理上的统一。从价值上看，机关事务标准是其工作价值理念的集中体现，"现有标准既是长期以来工作经验的归纳总结，也是一代代机关事务工作者价值理念的精华凝练"②。关于机关事务标准化的基本分类，按内容进行划分，包括机关运行经费、资产管理、办公用房管理、公共机构节能、公务用车、后勤服务、公务接待管理等标准共同构成的体系；按流程进行划分，包括制定机关事务标准、组织实施标准以及对标准的制定、实施进行监督。

（二）机关事务标准化建设的沿革

尽管机关事务标准化是一个"新名词"，是在2017年公布的《机关事务工作"十三五"规划》中首次在顶层设计的高度提出，但机关事务管理领域很早就开始了具有标准化性质的工作。早在1951年，国家机关事务管理局的前身政务院机关事务管理局根据毛泽东主席的指示就印发了《关于招待外国使节工作的改进办法》，对招待外国使节所使用的水果、烟卷、菜品、酒水进行了明确的规范。1957年6月7日，国务院发布由国管局起草的《国务院关于对内招待工作的规定》，严肃申明在对内招待工作中，要坚持发扬艰苦奋斗、勤俭节约的优良传统，纠正用公款请客、大吃大喝、铺张浪费、生活特殊化的不良作风。20

---

① 《标准化工作指南第1部分：标准化和相关活动的通用术语》（GB/T 20000.1-2014）。

② 《国管局召开机关事务标准化工作现场会》，http://www.ggj.gov.cn/xwzx/ggjxw/201712/t20171226_22473.htm，访问日期：2019年7月14日。

世纪 60 年代，国管局先后召开过四次全国招待工作会议，提出招待工作的基本标准，要求贯彻艰苦奋斗、勤俭节约精神。1964 年 9 月，国管局再次对机关事务管理工作和公务接待工作制度方面存在的领导干部生活特殊化问题进行检查，并拟定了《国务院关于领导干部待遇问题的若干规定》，陆续修订了《中央国家机关小汽车配备办法》等一批制度办法。① 党的十一届三中全会后，随着改革开放的进程逐渐深入，机关事务管理部门也开始改革，主要目标是根据政府职能转变的需要，打破部门界限，开放后勤服务市场，引进市场机制等，机关事务标准化建设得到进一步发展。②

（三）机关事务标准化建设的背景

党的十八大以来，以习近平同志为核心的党中央就标准化工作做出了一系列重大决策部署，对 1988 年颁布的我国《标准化法》进行了全面修订，并出台了《国家标准化体系建设发展规划》《深化标准化工作改革方案》，为做好新时代机关事务标准化工作提供了根本遵循。"标准"这一关键词在《中共中央关于全面深化改革若干重大问题的决定》出现了 14 次，在《决胜全面建成小康社会 夺取新时代中国特色社会主义伟大胜利》这一十九大报告中出现了 10 次，而在党的十六大报告和十七大报告中仅出现 2 次，充分表明当前党中央、国务院对标准化工作越来越重视。

2016 年 9 月 9 日，习近平总书记在致第 33 届国际标准化组织大会的贺信中强调，中国将积极实施标准化战略，以标准助力创新发展、协调发展、绿色发展、开放发展、共享发展。在 2016 年 11 月召开的中央军委后勤工作会议上，习近平总书记强调要努力建设强大的现代

---

① 白振刚：《机关事务工作要永葆艰苦奋斗的本色——回忆毛泽东、周恩来、邓小平等老一辈革命家对国管局的关怀与教诲》，载《中国行政管理》1997 年第 8 期。

② 张国良：《浅谈建国以来机关事务工作的历史沿革及职能特点》，载《中国机关后勤》2017 年第 4 期。

化后勤，提出加强后勤科学管理、强化财力资源集中统一管理、完善科学标准体系等要求，这同样适用于机关事务管理改革创新发展。李克强总理也多次主持召开国务院常务会议研究部署标准化工作[①]，提出要将标准化理念和方法融入政府治理之中，着力促进政府转变职能、提高效能。党的十八大以来，党中央、国务院陆续出台《党政机关厉行节约反对浪费条例》《党政机关办公用房管理办法》《党政机关公务用车管理办法》等一系列政策文件，奠定了机关事务标准化建设的制度基础，为提升机关事务标准化水平、提高服务保障供给质量和效率、助推机关事务管理改革创新发展提供了行动依据。

二、机关事务标准化建设的必要性和意义

目前，与我国标准化改革整体进展和机关事务行业发展需求相比，机关事务标准化还存在一定的滞后性，《机关事务标准化发展规划（2018—2020年）》指出，"……没有标准化，就没有现代机关事务"。这表明新时代机关事务标准化建设对于2020年建成依法履职、规范履职的现代机关事务管理体制和运行机制具有基础性作用，是管理科学化、保障法治化、服务社会化水平全面提升过程中不可或缺的关键性正向要素，对深化行政体制改革、建设廉洁、高效、人民满意的服务型政府的新目标及推进国家治理能力和治理体系现代化具有重要意义。

---

① 例如，2015年2月11日召开的国务院常务会议要求必须深化改革，优化标准体系，完善标准管理，着力改变目前一些方面存在的标准管理"软"、标准体系"乱"和标准水平"低"的状况，促进提升产品和服务竞争力，激发市场活力，推进经济提质增效升级。2016年4月6日召开的国务院常务会议决定实施《装备制造业标准化和质量提升规划》，引领中国制造升级。2017年2月24日召开的国务院常务会议讨论《中华人民共和国标准化法（修订草案）》时强调，质量立国要强化标准引领，在完善工业品标准的同时，要着力在服务标准制定和修订上下更大功夫。2018年7月18日召开的国务院常务会议要求制定各级政府公共服务等目录清单，实行办事要件和流程标准化，推动在全国实现同一事项无差别受理和办理。

（一）进一步推进科学履职

一方面，发挥标准的资源信息整合功能，提升机关事务管理的统一性。机关事务管理涉及经济、政治、文化、社会、生态等各方面，其运转不但依赖于各种资源的有效调配和流转，还依赖于行政人员不同知识体系和学科的交换和配置。标准有助于将创新资源统一整合于各类标准中，通过标准自身所具备的技术性操作指导功能和边界切分功能，为解决政出多门、各自为政、自由裁量、互不相关以及资源配置不均、分工关系不顺等问题提供具有一定强制性的技术支撑，从而实现机关事务的制度化、规范化、程序化，推动机关事务管理资源优化配置，避免行政人员因知识水平和学科背景不同导致的工作偏差，实现"工作标准明确，工作尺度统一"的新目标，使各级各地机关事务管理部门成为齿轮相互紧咬的高效行政机器。

另一方面，发挥标准的流程切割与管理功能，提升机关事务的可控性。高度复杂烦琐是现代机关事务的基本特征，避免政府失控是机关事务管理过程中的难题。而标准内在的精确属性要求在分析机关事务履职范围、内外部管理需求、资源配置等要素的需求和特点的基础上，将机关事务管理流程和履职事项按照一定标准切割分解为各个区块，细化为具体业务环节、操作流程、岗位要求等，通过流程的不同环节具体定义工作目标、操作规范、业务要求、办理时限，使全流程可控，从而为机关事务提供明确的、可操作的和易理解的预期，有助于实现机关事务全流程管控。此外，标准化有助于建立可识别、可量化、目录化、控制敏感型的检测评估体系，可通过检查、验证、评价等措施预防、纠正、处置不合格项，推动预期目标和要求的实现，促进机关事务满足规范要求。

（二）进一步提升履职效能

首先，机关事务标准化有助于提高机关运行效率，控制机关运行成本。通过在机关服务职能、内容、流程和评价中应用标准，可以对经费支出进行精确控制，提高效率和效能。具体而言，一是能够确保机关公车、公务用房、办公设施设备配置统一，避免铺张浪费和浮夸攀比。二是能对机关事务流程进行分解并对应优化，明确过程环节，规定每个环节的时限，确保管理和服务全过程的顺畅、高效。三是在推进机关事务节能减排过程中，相关能源消耗支出标准和定额有助于推动机关节能，提高能源利用效率，建设绿色环保公共机构，发挥政府机关在全社会节能中的表率作用。

其次，机关事务标准化有助于提升机关服务水平。"服务是机关事务管理部门的立身之本，也是机关事务工作的职责所系、价值所在。"①通过构建完整的服务标准体系，依托标准化建设优化服务方式、再造工作流程、规范服务行为、加强服务监督、完善服务保障，从而提高服务质量和效率，更好地满足党政机关正常运行的需要。此外，"通过标准确定的服务流程，规范服务提供过程，可以减少人为因素造成的服务质量差异，不仅降低了服务成本，还能提高机关工作人员的满意度"②，从而实现"努力为机关高效运转服好务，进而为经济社会管理服好务，为人民群众服好务"③的本质目标。

最后，机关事务标准化有助于推动机关后勤服务市场化。改革开放以来，我国机关后勤服务积极探索社会化改革。在推进机关后勤服务社会化的过程中，建立采购标准体系，规范采购流程，能够极大提升机关事务管理工作效率，降低行政成本。但总体上看，机关事务管理工作还存在管理体制不顺、服务方式比较粗放、社会化程度偏低等

---

① 李宝荣：《奋力书写机关事务工作新篇章》，载《人民日报》2016年10月19日。

② 汤万金：《"标准化＋机关事务"打造高效节约型机关》，载《中国机关后勤》2017年第3期。

③ 《为党和国家中心工作服好务——党的十八大以来机关事务工作综述》，http://www.ggj.gov.cn/xwzx/ggjxw/201710/t20171013_8300.htm，访问日期：2019年8月18日。

问题，究其原因还是缺乏标准。标准能明确购买内容、规范购买过程、提供评价依据规范采购服务；同时，通过设立公开、透明、统一的标准，压缩权力寻租空间，鼓励相关方公平竞争，降低购买成本，提高效能，充分实现购买过程各环节有效衔接，从而为机关后勤服务社会化改革这一创新模式提供技术支撑。

（三）进一步促进依法履职

党的十八大以来，机关事务法治化建设稳步推进，国家以立法形式明确了机关事务管理部门的职责地位。与此相配套，有关部门和地方也相继出台了一系列规范性文件，为机关事务管理部门履职提供了规范依据，推动机关事务管理全面步入法治化轨道。但现有的一些法律、法规囿于专业性、概括性和原则性，在实践中的可实现性和可操作性较弱。例如，《机关事务管理条例》第3条明确规定，县级以上人民政府应当推进本级政府机关事务的统一管理，建立健全管理制度和标准，统筹配置资源，但具体制定标准的主体、程序、内容并未明确。标准作为集科学性、技术性和经验性于一身的柔性规则，与刚性的法律相比，虽然强制性标准也具有规范性和一定程度的强制性，但标准更加具体细致，是法律、法规的细化和延伸。"法律主要回答可为还是不可为的问题，而标准则包含许多定量要求，主要回答如何为的问题，具有较强的可操作性。"[①] 在遵守法律、法规的前提下，可以从技术和操作层面对机关事务管理工作进行细化和拓展，从而推动法律、法规的落地实施。

三、机关事务标准化建设存在的问题

从目前的情况来看，我国机关事务标准化工作仍处于起步、规划

---

① 高鹰忠：《发挥标准化在国家治理中的重要作用》，载《人民日报》2015年10月21日。

和试点阶段，与《机关事务工作"十三五"规划》《国家标准化体系建设发展规划》《机关事务标准体系建设总体方案》等提出的要求还存在一定差距，如标准体系尚未健全、实施监督机制不够完善、人才培养和理论研究亟待加强等。

第一，机关事务标准体系建设尚未健全。如前所述，目前机关事务管理领域的国家标准不多，标准化建设主要依赖于具有标准性质的规章和规范性文件，标准缺位、适用性不强的现象比较突出，呈现碎片化、零散化、随机化的特征。除了缺乏与机关事务的定位挂钩的基础通用标准，指导和引领机关事务管理工作下各分类业务的根本性支撑标准也亟待制定，距离将机关事务管理核心职能纳入标准化的目标尚有一定距离。而具有标准功能的规章和规范性文件的专业性、可操作性相比专业标准而言较低，与以 ISO 9000 质量管理体系为代表的标准体系具有本质性差别，在关键功能上不可相互替代，为不按标准办事的机会主义留下空间。因此，建立结构化、系统化的机关事务管理标准体系框架是摆在当前机关事务标准体系建设面前的基础性挑战。

第二，机关事务标准的实施和监督评估体系较为落后。当前我国机关事务标准化建设还停留在较低水平，一个原因是前文所述标准体系缺位，另一个原因是督促机关事务标准实施的分类监督评估机制尚未建立。由于机关事务标准化建设是一项新任务，之前颁布或建立的机关事务管理监督实施机制虽然对此有所规范，但不可能对未来做出完整的预期。在机关事务标准化建设过程中，原有的规范存在覆盖不够全面、内容不够具体的问题，这必将导致实施和监督权限划分不清晰、协调机制不健全、管理约束软化的问题。同时，由于缺乏可适用的机关事务绩效评价标准体系（指标体系），也直接影响了评估的科学性和合理性，不合格行为和结果得不到及时发现、纠正，在一定程度上造成服务改进滞后和服务水平停滞不前。这些问题使得相关标准和具有标准化功能的规范性文件的执行效果大打折扣。

第三，机关事务管理人才培养和理论研究亟待加强。现有的机关事务管理人才储备尚不能满足机关事务标准化建设的现实需要，目前一些单位不但缺乏专业标准化队伍，相关的人才培养、选拔、监督机制也尚未建立。相关的理论研究薄弱，特别是基础性、前沿性研究不足，截止到2018年6月1日，在中国知网上以"机关事务标准化"为主题检索的论文仅14篇，且均在2017年后发表。此外，一部分公职人员缺乏机关事务标准体系和分项标准的相关知识，标准化观念比较淡薄，主动意识不强。由于机关事务标准化是一项具有全局性质的工作，如果没有一支专业的队伍，没有普遍树立标准化意识，那么标准化建设工作难以贯彻落实到机关事务管理的各项工作、各个环节中。

第二节 当前机关事务标准化建设的进展

《机关事务标准化发展规划（2018—2020年）》要求到2020年年底，构建机关事务标准体系、健全机关事务标准实施监督体系、强化机关事务标准化工作运行体系；明确了包括完善机关事务标准体系、强化机关事务标准实施、构建机关事务标准监督评估体系、夯实机关事务标准化工作基础在内的重点任务，机关事务标准化的顶层设计初步形成。截至2018年上半年，各级机关事务管理部门认真贯彻落实全国机关事务工作会议精神，将标准化工作作为提升保障和管理效能、推动机关事务管理工作高质量发展的重要抓手，认真部署、广泛动员、大力推进，取得了积极成效。

一、机关事务标准化建设的现状

党的十八大以来，国管局加强对机关事务标准化建设的顶层设计，制定出台多项制度文件，并通过召开研讨会、座谈会，开展试点、理论研究等形式积极推进标准化工作，标准化建设和实施取得了显著成效。

在中央层面，国管局联合国家标准化管理委员会（以下简称"国家标准委"）在制度建设上不断出台标准和具有标准化功能的规范性文件。在节能方面，"十二五"以来，国家标准委发布了公共机构能源资源计量、审计、能源管理体系实施指南、能源管理绩效评价、节能优化控制通信接口等国家标准①，初步构建了公共机构能源资源节约标准体系。此外，根据国管局综合信息目录，在颁布的四百余项标准类规范性文件②中，与财务管理相关的文件有45件，与资产管理相关的文件有27件，与房地产管理相关的文件有34件，有社会事务管理相关的文件有23件，与住房制度改革相关的文件有151件，与住房公积金管理相关的文件有42件，与政府集中采购相关的文件有33件，与人防管理相关的文件有51件，与公务接待和驻京办管理相关的文件有5件。这些标准和具有标准功能的规范性文件的出台，为机关事务标准化建设奠定了制度基础。

在地方层面，各地区机关事务管理部门建立健全工作机制，研究制订工作方案，梳理标准体系，推动地方标准出台，并做好试点建设和经验推广，保证各项工作稳步有序推进。据初步统计，目前已有25个地区召开了动员部署会议或者开展了集中培训，27个地区组建了标准化工作机构，22个地区与当地质监部门或标准化研究机构建立了合作关系，21个地区印发了工作方案（规划）或者搭建了标准体系架构图，14个地区初步完成了标准体系梳理并开始着手标准制定和修订工作。特别是四川省机关事务管理局、湖北省十堰市机关事务管理局等

---

① 这些国家标准如《公共机构能源资源计量器具配备和管理要求》（GB/T 29149-2012）、《公共机构能源审计技术导则》（GB/T 31342-2014）、《公共机构能源管理体系实施指南》（GB/T 32019-2015）、《公共机构能源资源管理绩效评价导则》（GB/T 30260-2013）、《公共机构节能优化控制通信接口技术要求》（GB/T 32036-2015）。

② 由于机关事务标准化工作还处于起步阶段，机关事务标准在形式上多蕴含于多项政策、法规之中，而没有进行专门的标准制定。

试点单位和部分起步较早的地区，已经建立相对完备的标准体系，出台或即将出台多项机关事务管理地方标准，进入推动标准实施和检验实施效果的阶段。

二、机关事务标准化的推进方式

（一）明确机关事务标准的基本体系

《机关事务标准化发展规划（2018—2020年）》明确了当前机关事务标准体系建设的主要任务，包括优化完善标准布局，制定近30项机关运行经费管理、资产管理、服务管理和公共机构节约能源资源标准，提高机关事务标准间及与其他相关标准、法规的协调性、衔接度，鼓励发展机关事务团体标准，构建重点突出、结构优化的机关事务标准体系，基本实现标准覆盖主要业务工作。在地方层面，具有代表性的文件是《四川省机关事务标准化工作建设实施方案》。此外，湖北省、山东省机关事务管理部门也分别印发了《湖北省机关事务标准化建设行动方案（2017—2020年）》《山东省机关事务管理局推进机关事务标准化建设实施方案（试行）》。在试点单位外，一些地方在推进机关事务标准化建设的过程中也积累了宝贵经验。河北省按照ISO 9000质量管理体系标准，重新建立了一整套机关事务管理体系文件。浙江省探索构建涵盖机关经费管理、资产管理、服务管理以及公共机构节约能源资源四个方面的机关事务管理工作标准体系，科学制定和修订机关事务分项标准。① 吉林省出台了《吉林省机关事务工作标准化建设实施方案》，确定了16个方面的机关事务管理工作率先开展示范建设，涵

---

① 浙江省标准化研究院：《标准化助推我省机关事务工作高质量发展》，http：//www.zis.org.cn/Item/2907.aspx，访问日期：2019年9月19日。

盖419个机关事务管理具体分项标准。①

(二)加强标准的实施和监督评估

《机关事务标准化发展规划(2018—2020年)》《关于加快推进机关事务标准化工作的通知》从顶层设计上对机关事务标准实施和监督评估做出了规定。具体而言,在机关事务标准实施方面,一是加大对机关事务标准的宣传、培训、研讨力度,二是免费向社会公开标准文本,三是发挥行业协会等社会组织优势推动标准有效实施,四是根据反馈及时对标准体系的实施进行修改完善。在机关标准监督方面,要求建立严格规范的机关事务标准监督评估机制,采取自查和委托第三方检查相结合的方式逐级开展检查评估。

在地方层面,《四川省机关事务标准化工作建设实施方案》《山东省机关事务管理局推进机关事务标准化建设实施方案(试行)》《内蒙古自治区机关事务标准化工作建设方案》《吉林省机关事务工作标准化建设实施方案》《广西壮族自治区机关事务标准化工作建设方案》等,均依据以上规定要求对机关事务标准实施和监督评估进行了细化。

(三)强化机关事务标准的运行保障

《机关事务标准化发展规划(2018—2020年)》《关于加快推进机关事务标准化工作的通知》要求建立"三专、二报、一会"工作机制,"三专"即专门机构领导、专人负责实施、专项经费支持;"二报"即每年2次向国管局、国家标准委汇报;"一会"即每年召开1次工作总结会。要求各地机关事务管理部门会同标准化行政主管部门基于实际研究制定推进标准化工作方案,制定标准体系框架图和明细表,并报国管局、国家标准委备案。在发挥机关事务管理行政部门主导作用的

---

① 吉林省省直机关事务管理局:《省管局大力开展吉林省机关事务标准化建设》,http://sgj.jl.gov.cn/xwzx/gzdt/201803/t20180301_3719731.html,访问日期:2019年9月19日。

同时，推动成立机关事务标准化技术组织，建立由各方面专家学者组成的专家库，发挥社会力量推进机关事务标准化建设工作。

在地方层面，四川省、山东省、内蒙古自治区、上海市、南京市等地进行了积极创新与探索。其中，领导体制主要采用领导小组的方式，在省一级和地级市一级建立或筹备机关事务标准化工作建设领导小组，负责具体组织标准化建设工作，审定各分项标准化工作方案，审议机关事务标准制定规划及年度计划等。在经费保障方面，各地均设立专项资金用于研发标准体系、激励机制、教育培训等。在组织实施方面，各地均要求制定任务分解表，明确各部门工作职责。在队伍建设方面，四川省主要强调加快标准化人才库建设和对标准化人员培训；山东省则强调开展标准化基础知识宣传教育培训，并成立机关事务标准化专家组。

三、机关事务标准化的主要经验

（一）建立健全工作机制

必须将组建工作机构、抓好顶层设计作为标准化工作起步阶段的首要工作。国管局正在向国家标准委申报成立全国机关事务标准化工作组，已经组建标准化工作小组的地区机关事务管理部门，要尽快落实《关于加快推进机关事务标准化工作的通知》中关于"专门机构、专人负责、专项经费"的要求，大部分由单位"一把手"负责标准化工作，由政策法规处或行业指导处负责具体工作，个别还申请到了专项经费。例如，云南省机关事务管理局协调申请了100万元专项资金，湖北省十堰市机关事务管理局争取了77万元财政拨款专门用于标准化建设。

（二）大力开展宣传培训

推进机关事务标准化工作必须从强化标准意识、树立标准理念入手。国管局面向全系统举办了标准化培训班,在政务外网开设标准化工作专栏、设立公共邮箱,助推机关事务标准化人才队伍能力水平提升。例如,天津、重庆、安徽、江苏、广西、宁夏等地机关事务管理局邀请国家标准委、标准化研究院有关专家,对省、市、县三级有关工作人员进行集中培训。

(三)认真梳理标准体系

各地区机关事务管理部门系统梳理现有标准,对缺失和滞后的标准进行研究调整,进一步优化了标准布局。上海市机关事务管理局确立了正式项目28个、研究项目和储备项目各26个,共80个标准制定项目。四川省机关事务管理局针对国有资产管理、住房公积金管理、办公楼物业服务等重点领域,建立了具有地方特色的标准体系。江西省机关事务管理局构建了涵盖节能建设与改造、运行、管理、评价四大子体系的公共机构节约能源资源标准体系框架。辽宁省盘锦市机关事务管理局自2014年起,每年修订一批工作标准并完善标准化汇编。浙江省嘉兴市机关事务管理局出台了《嘉兴市机关事务服务标准化手册》,共9章16万余字。广东省佛山市机关事务管理局打造了以管理局内部控制程序、质量手册、作业指导文件等内容为子标准的质量体系。

(四)积极推动分项标准出台

各级机关事务管理部门按照标准"成熟一个、出台一个"的原则,推动内部标准申请立项为地方标准,提升机关事务管理领域标准层级。国管局着力推动重点领域标准出台,其中,《国家机关能源消耗定额》强制性国家标准已经通过国家标准委专家评审,《中央国家机关后勤服务指南》等部门标准类文件已印发,《公共机构能耗定额标准编制和实施指南》《中央国家机关购买后勤服务管理办法》《高校物业服务采购标准》3项标准已形成初稿。部分地区机关事务管理部门也在积极推动出台地方标准。例如,天津市机关事务管理局出台的《能源审计规程》《绿色运营规程》已取得地方标准发文号。山东省机关事务管理局出台的《办公楼（区）物业管理标准》《信息化建设标准》已列入2018年"山东标准"建设项目。陕西省机关事务管理局出台的《省政府新城大院机关餐饮管理规范和服务标准》《新城大院社会化服务监管规范和服务标准》《省级机关公务用车服务信息平台管理规范与服务标准》项目申报为地方标准。湖南省机关事务管理局出台的《节约型机关建设规范》已通过湖南省质监局专家评审。

（五）充分发挥试点示范作用

积极推进机关事务标准化试点工作，形成经验做法，为其他地区探索标准化工作积累经验。2018年3月，国管局和国家标准委将四川省机关事务管理局和湖北省十堰市机关事务管理局确定为机关事务标准化工作试点单位。四川省机关事务管理局先后与15批赴川调研的兄弟省（市）交流标准化工作经验。湖北省十堰市机关事务管理局在省机关事务管理局指导下，将标准化建设经验通过网站、微信公众号等平台推广分享，切实发挥了以点带面的辐射作用。一些地区机关事务管理部门在本区域内开展了试点工作。例如，内蒙古自治区机关事务管理局确定第一后勤服务中心为党政机关办公区后勤标准化试点单位，实施了近200项内部工作标准，并在完成标准试运行后正式发布。黑龙江省、甘肃省机关事务管理局选择了部分基础条件较好的地级市机关事务管理局和省直有关单位先行先试，形成了良好的示范效应。

第三节 进一步加快推进机关事务标准化

习近平总书记在中央军委后勤工作会议上的讲话要求"完善科学标准体系，推进管理革命"。在当前中国特色社会主义进入新时代、我国社会主要矛盾发生深刻变化的背景下，机关事务标准化建设必须注重建立健全标准体系，推进机关事务标准实施，加强人才队伍建设和基本理论研究，努力推进机关事务标准化建设工作创新发展。

一、完善机关事务标准体系建设

完善机关事务标准体系，对于发挥标准规范引领功能、建设现代机关事务具有基础性作用。从完善标准体系顶层设计和布局、完善标准体系内外的协调性以及健全相关法治保障入手，进一步完善机关事务标准体系建设。

首先，完善机关事务标准体系顶层设计和总体布局。在深入分析研究当前机关事务标准化需求和现状的基础上，摸清机关事务发展现状，制定机关事务国家标准体系框架和基础通用标准、明确关键标准的进度安排和责任分工，在顶层设计和总体布局高度夯实机关事务标准化工作基础，为后续全机关事务管理系统标准制定工作的开展提供蓝图。在标准体系建构过程中，应该注意循序渐进，优先制定、发布、实施工作急需、作用重大的标准，避免"眉毛胡子一把抓"。此外，应重视发展团体标准，与国家标准、地方标准共同形成协同发展的机关事务标准体系。

其次，完善标准体系内外的协调性。机关事务标准建设是一项高度复杂的系统工程，在制定标准的同时，需要重视标准之间的兼容性和前后标准的迭代性，以提高机关事务标准间的协调性和统一性，提高与其他相关行业标准的衔接度。因此，在制定标准过程中，机关事务管理部门应善于组织、利用各类内外资源，加强与相关部门、企业、社团、科研院所的沟通，寻求横向论证与支持，协同解决好机关事务标准体系内以及与相关外部标准、制度的配套衔接，从而进一步提升机关事务标准间的协调性以及与其他相关标准、制度的衔接度。

最后，完善机关事务标准体系建设的法治保障。《标准化法》《机关事务管理条例》《公共机构节能条例》《政府购买服务管理办法》等为机关事务管理工作奠定了法律、法规基础，也为标准化建设提供了指导依据。然而，当前机关事务标准化工作主要以规范性文件为载体，而规范性文件并不是法律，要按照"成熟改革经验举措尽快上升为法律"这一全面深化改革基本原则的要求，尽快出台规范标准体系建设和标准制定的部门规章，推进各地机关事务标准化立法保障工作，并将其纳入法治轨道。在弥补制度短板的同时，应做好新建标准与现有法律、法规的协调配套，用标准逐步替代原有具有标准化功能的规范性文件。

二、推进机关事务标准的实施

标准的生命在于实施。机关事务管理工作每个环节、步骤都涉及各类标准，必须通过制定和实施相关标准，使各环节、步骤有机联系起来，这样标准才能真正发生作用。因此，可以从树立标准化意识、健全工作机制、完善监督体制、鼓励先行先试、提高信息化水平等方面，推进机关事务标准实施。

（一）把握机关事务标准化的特性

机关事务标准化就是将标准化的理念、原理、原则和方法运用到机关事务保障和管理的各领域、各环节，通过制定标准并付诸实施，实现保障和管理效能的全面提升，进而保障党政机关规范高效运行的过程。在这一过程中，应准确把握机关事务标准化的四个特性：一是本质上的技术性。明确机关事务标准是一种工具和制度安排，是业务工作的辅助手段和技术支撑，不能脱离机关事务业务搞标准化。通过将标准工具和标准化理念贯穿于保障服务管理全流程，引领、调整、规范各项工作，实现机关事务管理工作效能的整体提升。二是形式上的多样性。标准形式可以多样化，对现有机关事务标准的认定不宜局限于国家标准、行业标准、地方标准等格式标准，含有定性或者定量标准的机关事务管理法规和规范性文件，以及具体服务保障工作中的服务规范、操作指南、工作规程等，也属于机关事务标准的范畴，不拘泥于标准形式上的整齐划一。三是建设中的严格性。重点围绕机关事务管理工作中对外管理职能业务开展标准化，组织内部运行标准不是机关事务标准化的重点。而且，根据《标准化工作指南第 1 部分：标准化和相关活动的通用术语》的界定，要理解把握好标准"共同使用"和"重复使用"的特征，对机关事务管理工作中使用范围过窄和使用次数较少的工作不制定标准，不宜使标准泛化。四是实施中的一致性。尊重既有工作基础，机关事务管理工作涉及工程建设、经费管理、资产管理、服务保障等众多业务，在相关业务领域已出台国家标准、行业标准、地方标准的，机关事务管理部门可以直接实施有关标准，不宜另行制定；其他地区已形成的机关事务标准，如果结合本地区实际稍加修改后仍可以适用的，也不需要另起炉灶重新制定标准。

（二）厘清标准化与法治化、精细化、信息化之间的关系

近年来，机关事务管理单位系统提倡推进机关事务法治化、精细化、信息化，在国家治理体系和治理能力现代化中发挥应有作用。在机关事务标准化推进过程中要正确认识标准化与法治化、精细化、信息化之间互为辅助、协同推进的关系，发挥好标准化的基础性作用。

第一，明确标准化与法治化的关系。标准具有规范、调解、约束、控制功能，与刚性的法律相比，标准更加具体细致，是法律、法规的细化和延伸。在具体的政策执行过程中，标准化本身将承担一种政策规范的角色，可以弥补法律、法规和制度本身滞后性的缺陷。通过机关事务标准化，能够根据保障需要制定规划、申请经费、配置资源，既实现机关事务管理工作的职能法定，又做到依法履行职能，从而推进机关事务法治化。

第二，明确标准化与精细化的关系。机关事务标准体系作为一种技术性指标体系，既可以发挥目标管理和量化管理的优势，优化工作流程、明确职能分工等管理内容，也便于通过绩效评价评估工作质量。通过机关事务标准化，可以规范事前、事中和事后管理，使机关办公、

领导服务、职工生活等保障服务管理职能更加量化、细化，从而推动机关事务管理工作迈入精细化、规范化、科学化轨道。

第三，明确标准化与信息化的关系。标准化是搭建信息化平台最有力的支撑，是实现机关事务管理信息化的必然选择。信息系统在开发过程中，从技术层面的信息分类与代码到国有资产、办公用房、公务用车、政府采购、住房资金等业务流程规范，以及系统的扩充和升级，都必须以标准化为基础。同样，标准化也离不开服务保障运行与互动的平台和网络，在全面开放、公开透明、鼓励参与、增加选择、强化问责等现代治理理念的引导下，机关事务标准化必须借助和利用信息化手段实现数据的采集分析和共享共用。

（三）避免标准化建设中的误区

确保机关事务标准化工作不偏离方向，不造成人力、物力、财力浪费，在实际工作中要特别注意避免出现认识偏差和工作误区。

误区一是追求"大而全"。这主要表现为有些地区全面铺开标准化，省、市、县三级都在制定标准，且不同层级的工作目标同质化严重，造成重复建设；有些地区盲目追求标准的层级，投入很大精力去申报立项国家标准、地方标准，而不考虑实际工作有无必要、需不需要制定标准，并错误地认为只有出台几项国家标准，工作才上档次。然而，标准贵在务实管用，标准化工作地关键在于提高效能，切忌贪大求全、盲目铺摊子，更不能大干快上、一哄而上，扰乱了正常业务工作。

误区二是重数量轻质量。这主要表现为有些地区初步梳理出上百项标准需求，构建了一个事无巨细的标准体系，造成资源浪费、经费紧张，却很少直接采用社会上已有的成熟标准；有些地区计划性不足，不分先后、全面推进各类标准地制定和修订，甚至地市一级机关事务管理局都梳理出几百项待制定的标准，结果制定出来一堆质量不高、实效不强的标准。然而，标准不是越多越好，要突出重点，集中优势资源和精力推出"精品标准"，切忌"眉毛胡子一把抓"。

误区三是重制定轻实施。标准的生命力在于实施，有些地区只注重推动标准出台，对标准的实施、改进重视不够，尚未建立标准评估机制，导致出台的标准要么成为无用的"僵尸标准"，要么使用一段时间后成为过时的"垃圾标准"，没有真正发挥出标准在机关事务管理工作中的实际作用。然而，标准制定出来的最大价值就在于应用，标准的制定和修订工作不是一蹴而就的，也没有一成不变的标准，需要在实际工作中不断修改、完善和更新，保证其适用性，切忌将花费了大量人力、物力、财力制定出来的标准当成摆设。

（四）提高标准化的质量和效益

在机关事务标准化建设过程中，要牢牢坚持三项原则，确保标准化工作的质量和效益。

第一项原则是结合实际，因地制宜推进标准化。要注重实践需求，省、设区的市机关事务管理部门可在缺少相关地方标准的领域推动出台地方标准，将可在全国普遍适用的标准申报立项为国家标准；地方标准以省级为主、地市级为辅，不鼓励盲目申报国家标准。要把握省、市、县三级机关事务管理部门在职能、机构及工作基础等方面的具体差异，找准定位，省级机关事务管理部门着力于标准的制定和监督，市、县两级机关事务管理部门着力于标准的贯彻和执行。

第二项原则是突出重点，职能建设引领标准化。要重点围绕机关事务管理部门的组织运行、职能履行、工作任务加以明确和固定相关标准，优化机关事务管理职能，制定好目标规划，集中精力优先在主干职能领域开展标准化，再逐步向其他职能领域扩展，实现以制度标准稳固职能、充实职能、强化职能。要合理确定工作重点，把握顺序节奏，掌握轻重缓急，遵循急用先行、先易后难的原则，成熟一项出台一项，与业务工作同步开展、互相促进。

第三项原则是以点带面，多方联动深化标准化工作。国管局会同国家标准委开展了机关事务标准化试点工作，目前试点地区的标准化工作已经过研究部署和起步动员阶段，进入到标准制定、修订和推动标准实施阶段。为此，要大力抓好试点工作，鼓励试点地区大胆尝试、积极探索，形成一些可复制、可推广的标准和经验做法，切实发挥以点带面作用。同时，鼓励一些地区在本区域内开展会议接待服务、食堂餐饮服务、办公物业管理等分项标准试点，发挥基层首创精神，示范带动其他地区有侧重、有突破、有进展地推行机关事务标准化。需要注意的是，不要将标准化孤立起来，需要结合法治化、精细化、信息化、社会化、绩效化等开展标准化建设，形成多方联动的局面，实现标准化规范业务、优化流程、节约成本、提升效能的实效目标。

三、加强机关事务标准化工作人才队伍建设和基础理论研究

一方面，要加强标准化人才建设，为实施标准化战略提供智力支持。人才队伍在机关事务标准化过程中具有基础性资源地位。加强机关事务标准化工作人才队伍建设，一是加强宣传普及，强化标准化意识；二是加大培训力度，开设机关事务标准化人才培训的网络课程，建设完善标准化人才培训的定期集中授课制度；三是鼓励学习交流，采取"走出去、引进来"的方式，学习其他行业、先进地区的经验，加大推进机关事务标准化交流的平台建设，加强与智库、高校和科研机构的合作，加快总结实践中较好的经验等。

另一方面，应加强标准化理论研究，奠定实施标准化战略的科学基础。加强机关事务标准化基础理论研究，一是加强机关事务标准化的基本原理研究，深入认识发展规律、现实需要，围绕体系优化、水平提升、实施效率、职能定位等重要内容，与高校和科研机构合作推

出一批符合实际、回应现实需要的机关事务标准化科研成果；二是从战略高度全面总结国内外政府内部管理标准化工作的成功经验和方法，结合我国经济社会发展的时代任务，探索建构具有中国特色的机关事务标准化理论体系；三是强化机关事务标准化智库建设，依托专家等各界有识之士群策群力。

第七章　机关事务信息化建设

如今，移动互联网、云计算、大数据等现代信息技术已广泛运用到各行各业，与人们的工作和生活息息相关，密不可分。要实现机关事务管理的现代化转型发展，离不开现代科技的进步和信息化运用，新时代机关事务信息化建设是国家治理体系与治理能力现代化建设的迫切需要。因此，信息化建设是新时代机关事务管理工作绕不开的话题。

新时代信息化建设更是习近平总书记治国理政思想的重要组成部分。习近平总书记多次强调，要运用大数据提升国家治理现代化水平。自 2015 年 9 月国务院下发《促进大数据发展行动纲要》（国发〔2015〕50 号文）以来，2016 年 7 月，《国家信息化发展战略纲要》进一步提出要构建统一规范、互联互通、安全可控的国家数据开放体系，加强互联网政务信息数据服务平台和便民服务平台建设，加强信息资源开发利用的顶层设计和系统规划，完善制度体系，构筑国家信息优势，这些都使得互联网和各行业的深度融合成为各行各业发展的重要内容。

互联网技术为机关事务信息化建设创造了条件，为机关事务管理工作的创新发展提供了有力的技术支撑。借助先进的现代信息科技手段，建立集中统一的机关事务管理信息平台，对机关事务涉及的人、财、物实行精细的、规范的、统一的、高效率的科学管理将是新时代机关事务信息化建设的新任务。

第一节 信息化建设是推进机关事务现代化转型的需要

为贯彻习近平总书记有关国家治理体系和治理能力现代化的指示精神，国务院副秘书长、国家机关事务管理局局长李宝荣在全国机关事务工作座谈会上指出："要把机关事务工作提升到国家治理体系和治理能力现代化的高度去认识、去定位。"李宝荣局长提出，推进机关事务治理体系和治理能力现代化，是贯彻落实习近平总书记治国理政新理念新思想新战略、推进全面深化改革战略布局在机关事务领域落地生根的切实举措，是机关事务管理在历史传承和国内外先进经验不断积累的基础上内生演化、渐进发展的必然要求，机关事务管理特别是职能化建设应当更加主动与国家治理体系和治理能力现代化理念相衔接、相协调、相融合、相促进。[①]

国家机关事务管理局印发的《机关事务工作"十三五"规划》也明确要求：要推进"互联网＋机关事务"建设，利用信息技术及互联网平台，促进互联网与机关事务管理工作深度融合，建设电子政务云；统筹规划机关事务管理信息系统建设，有计划、分步骤推进机关财务、资产、房地产、公务用车、公共机构节能等业务信息系统建设，推动形成统一的业务协同管理、信息资源共享平台；推进大数据在机关事务管理工作中的应用，建设统一的机关事务数据中心，建立数据资源目录，强化信息系统分级保护和等级保护的保密安全防护措施，提升信息安全管控和运行管理水平，确保网络、应用系统和数据安全。《机关事务工作"十三五"规划》中的信息化建设主动与国家治理体系和

[①] 《国务院副秘书长国管局局长李宝荣一行来河北调研座谈机关事务工作》，http://www.hebswj.gov.cn/system/2017/12/01/011696797.shtml，访问日期：2019年9月19日。

治理能力现代化理念相契合，充分表明信息化建设是引领管理创新的手段，是提高工作效能的途径，是科学决策的助手，是今后机关事务管理工作的重要目标。

一、信息化推动管理手段创新

目前粗放传统的机关事务管理方式难以适应机关治理现代化的需求，在互联网、云计算高速发展的新形势下，迫切需要将各类信息技术与机关事务管理充分融合，这是经济社会和科技发展的必然趋势。信息化技术自问世以来，一直以惊人的速度发展。如今，信息化不仅代表着新的生产力和新的发展方向，而且已成为引领创新和驱动转型的先导力量。在信息化建设的新形势和新要求下，机关事务管理自然也面临着信息化建设的新任务和新机遇。机关事务管理部门负责的经费、资产、房地产、采购等工作，涉及面广、情况复杂、数量多，不靠信息化手段，根本无法适应现实的工作要求。因此，新时代要将信息化建设放到战略性地位来筹划和安排，在信息化过程中要学会借助外力，坚持需求和问题导向，注重统筹规划，要充分认识"互联网＋"、大数据的重要性，着力提升经费资产、公务用车、办公用房等方面的信息化水平，推进系统互联互通，发挥网络技术的乘数效应，将信息化作为现代化管理的重要途径、方法和手段，深入推进机关事务管理创新。

二、信息化提高管理保障服务效能

机关事务管理工作任务多、责任大、标准高、要求严，而且事无巨细，内容范围广泛、头绪繁多。信息化建设能够实现工作动态化、即时化、便捷化以及供需双方的及时联系、快速响应、无障碍沟通，能够深刻改进机关事务管理的方式方法和手段措施，实现管理保障服务的有效供给和管控。同时，信息化是以线下工作为基础，再造线上工作空间，具有全程留痕、刚性执行、动态监管等优势，实现过程管理、末端管理，调动工作人员的主动性和积极性，减少甚至杜绝自由裁量和随意性，更好地履职尽责。此外，加强手段信息化，推动智慧后勤建设，利用互联网的扁平化、交互式、快捷性等优势，将工作人员从大量实物、海量信息中解脱出来，从而专心、专注于管理精细化、保障标准化、服务规范化，有助于提高机关事务保障服务的效能。

三、信息化实现科学决策和绩效评价

科学决策和有效的绩效评价必然依赖于相关数据信息的支持和实证。加强手段信息化，推动智慧后勤建设，通过将机关事务管理产品化、服务管理订单化、沟通反馈常态化和意见建议数据化，有助于实现全时空、全要素的管理保障服务大数据积累，经过分析研究相关数据信息，将为管理层进行科学决策、对执行层实施绩效评价提供支持、予以证实，实现"用数据决策""用数据说话"。此外，通过分析研究相关数据信息，能够更清晰地掌握服务对象的需求特征，精准贴合需求，创新产品、整合资源、优化体验，提供更多更好的便利化、个性化服务保障，实现"用数据管理""用数据创新"。①

在机关事务管理工作"十三五"规划期间，机关事务管理信息化建设要努力适应国家治理能力现代化的要求，适应建设"智慧中国"的要求，适应电子政务发展的要求，适应节约型机关建设的要求，就必须大力推进"互联网＋机关事务"建设，只有这样才能促进信息技术与履行服务、保障和管理职能的深度融合。要高度重视信息化在推进机关事务服务与管理保障中的重要作用，使机关后勤资源配置更加科学，服务、保障和管理流程更加优化，让服务领导、服务机关、服

---

① 国管局政策法规司：《推动智慧后勤建设 助力机关事务工作转型发展》，载《中国机关后勤》2017年第7期。

务基层、服务群众的各项事务变得更加方便、快捷、科学、高效、智能，为实现深化改革、做优服务、做强保障、做实管理的目标插上信息化翅膀。

第二节　建设机关事务信息化管理系统

推进机关事务信息化就是要创建"一云""一平台""一数据中心"的基本架构。这种架构对机关房地产、公务用车、公务接待、公共机构节能等工作以及对内部组织管理、管理保障服务、绩效评价体系等各环节进行信息化、精细化管理，在优化管理流程、降低管理成本、提升系统运营效率的同时，加强监督制约，减少廉政风险，促进政务公开，提高机关事务管理的信息化、科学化水平。

一、探索创建"全国机关事务云"平台

"全国机关事务云"平台相比传统的电子政务平台有多方面的优势，不但可以减少财政投入，降低运营和维护费用，促进节能减排，避免重复建设，保障信息安全，而且便于各部门信息资源整合，发挥电子政务的整体效益。

所谓"云"，通俗地讲就是集中，云计算就是通过一个超大型机房将分散计算、分散存储实现集中计算、集中存储。自党中央、国务院提出建设信息化强国以来，各地政府积极探索采用云计算来满足电子政务和公共服务需求。例如，洛阳"智慧旅游"平台通过采购公共云服务来满足旺季的弹性需求。据了解，"智慧旅游"平台借助公共云平台的弹性资源服务实现按需租用，从而节省项目硬件采购成本。杭州"电子政务云"平台通过阿里云、华数集团、浙大网新提供的技术解决方案和系统集成服务来建设云平台，用政务云打破信息化系统各自独立建设为主的局面，解决投资浪费问题，逐步形成按需分配地向各委、

办、局提供存储资源和计算资源的政务信息化的支撑模式。厦门市政府搭建以云计算为基础，承载公立医院信息系统、区域卫生信息系统、公共卫生信息系统和健康云等相关应用的数据中心，建成全市统一规范、集约安全、开放服务的厦门健康医疗云计算平台。贵州省则开通了"云上贵州"云计算系统平台，为贵州省电子政务云、贵州省工业云、贵州省智能交通云等"7＋N"云工程提供云服务。"云上贵州"系统平台上线运行后，除有特殊需求外，贵州省所有省级政务部门将不再自行购买服务器、交换机、存储器等硬件设备，不再自建机房，政府数据统一存储到"云上贵州"系统平台。这为党政机关实现数据互通、共享、开发利用、资源整合提供了平台，提高了资源利用效率。[①]

我国政府向公共服务型政府转型的目标，对电子政务建设提出了更高的要求。2013年3月，工业和信息化部发布了《基于云计算的电子政务公共平台顶层设计指南》，从顶层设计上对使用云计算技术推动电子政务建设进行统筹安排和总体规划。云计算技术以其虚拟化、可扩展、可靠性等优势，在推动电子政务基础设施共建、共享和共用、提高资源利用率、减少重复建设以及节能减排等方面，发挥着越来越重要的作用。云平台的全面应用，是以"大机房"取代无数个小机房，据统计预测，单在节能减排一项上，中央国家机关的机房电耗将可下降80%—90%，从而将使中央国家机关总体电耗降低30%左右，而之前中央国家机关机房电耗占总电耗的41%，机房用电大约占总电耗三分之一。此举将为完成"十三五"节能减排目标奠定坚实基础，推动中央国家机关节能工作迈上新台阶。

经过十多年的努力，我国电子政务应用已经跨过了起步阶段，但在中央国家机关层面上，目前还没有大规模开展组织建设电子政务云平台。虽然有关部门和单位已经开始采购社会云服务，但存在信息安

---

① 高志刚：《电子政务建设急需国家级"专有云"》，载《中国政府采购报》2016年4月15日。

全问题，并且各部门电子政务建设中存在的重复投资、网络分割、信息孤岛、运行维护成本居高不下等问题也不能得到妥善解决。从维护国家信息安全、节能降耗以及建设节约型政府的角度出发，各级机关事务管理部门应倡导、研究、推动"全国机关事务云"的统一建设，以云计算技术进一步推动我国电子政务平台建设。

第一，探索建设统一的"全国机关事务云"平台。工业和信息化部已经发布了《基于云计算的电子政务公共平台顶层设计指南》，并在有关地区开展了基于云计算的电子政务公共平台建设，积累了一些经验。但在中央国家机关层面上，目前还没有开展组织建设电子政务云。中央国家机关信息化建设体量大，需求更为迫切，建议相关信息化主管部门研究中央国家机关电子政务云平台建设规划，采用基于云计算技术的电子政务模式，统一采购软硬件设备，对基础软硬件系统进行统一管理、统一运维。这样不但可以减少财政投入，而且便于各部门信息资源整合，发挥电子政务的整体效益。[①] 国家机关电子政务云的建设是"全国机关事务云"平台的基础，可以避免地方单位和各部门电子政务建设中存在的重复投资、网络分割、信息孤岛、运行维护成本居高不下等问题，还可以保障信息安全、节能降耗，是政务信息化建设的重要保证。

第二，完善政务云建设的相关配套制度。云计算综合运用虚拟化技术、分布式存储技术和海量数据管理技术，为电子政务云平台软硬件基础设施的集中部署和信息资源的整合共享提供了技术上的可能，但云计算本身并不足以成为电子政务实现互联互通、信息共享的充分必要条件。

由于现行投资管理制度缺乏对信息化工程统建共用的引导，同时各部门为维护自身利益竞相争夺信息资源，因此，电子政务云不能靠

---

① 高志刚：《电子政务"专有云"应重视信息安全》，载《经济参考报》2015年6月25日。

部门自发建设，必须优先加强制度建设，依靠制度法规强制推动。具体而言，一是要调整现行财政预算体制，优化投资建设和购买服务支出结构，引导电子政务项目从自建向购买服务转变，逐步减少硬件增量采购预算直至停止。二是要调整电子政务项目审批制度，对建设项目进行集中投资管理，严格控制电子政务基础设施、业务系统和网站的分散建设和运营维护。如果预算和投资不做出实质性调整，那么，各部门可能会用购买硬件的钱"擅自"去购买服务，采购云计算服务就会成为违反财经纪律之举。三是要完善电子政务建设和管理办法，整合利用现有数据中心软硬件设备存量资源，建立电子政务云平台，强制推动信息资源、业务应用系统等向云平台迁移，逐步减少对社会云资源的依赖。①

将分散的投资和运营维护经费集中起来，投资建设"全国机关事务云"成为中央国家机关电子政务云计算的主要载体，并不是对社会云资源的全面排斥，对于非敏感信息、非涉密信息仍然可以由政府采购云服务。对是否构成敏感信息、涉密信息应当放在云计算、大数据的新的技术背景下，有关部门重新分类提出界定依据，明确程序标准和监管主体，避免自我判断、自我裁量，以适应电子政务建设需求，跟上时代发展。

第三，推动国内信息技术创新。推行电子政务云，必须要考虑电子政务云对国内技术和产业发展的推动。在电子政务云平台建设过程中，应优先采用国产软硬件，推动我国信息技术和产品加快实现自主创新。此外，采用自主可控的国产软硬件，不仅有助于带动我国云计算技术和产业发展，从网络和信息安全的角度出发，还可以很大程度降低由国家安全问题导致的信息泄密的可能性。所以，国家应对电子政务云平台建设采用国产软硬件给予一定的政策扶持，加大对自主可

---

① 高志刚：《电子政务"专有云"应重视信息安全》，载《经济参考报》2015年6月25日。

控云计算的支持力度，尤其在网络、服务器、存储设备等硬件层面以及操作系统、中间件和云应用软件层面加大支持力度，并从建设信息产业整体生态环境入手，出台相关政策，鼓励软硬件、应用、运营等产业链各环节均衡发展。以云计算为机遇，实现弯道超车，推动国内信息产业跨越式发展。[1]

二、建设业务协同管理和信息资源共享平台

机关事务信息化管理系统建设重点运用"互联网＋"、大数据、云计算等新技术，推动资金、资产、资源管理线上线下良性运行，积极打造智慧机关事务。以信息化管理平台为依托，再造工作流程，实行跨层级、跨部门、跨业务的协同管理和服务，促进机关事务系统上下联动，合作共治。完善自动办公系统管理，着力梳理设计工作流程，逐步实现办公自动化。推进机关通用资产统一租赁、采购、调配、维护，对机关举办大型活动、会议及组建临时机构的物资设备实行集中租赁、统一调配、集约使用，降低行政成本。建立行政事业单位国有资产大数据库，动态分析资产管理处置工作，提升资产使用效益。分步推进机关财务、资产、房产、公车、节能及会议、餐饮、物业等业务信息系统建设，形成统一的业务协同管理、信息资源共享的机关事务智慧管理平台，从而实现机关事务信息的统一管理。

在业务应用系统设计上，积极利用信息化手段，建立机关事务管理系统大框架体系，即构建一个综合平台，统一一个入口，提供多个业务子平台接口。综合服务平台通过嵌入各业务子平台接口，实现监督管控业务子平台功能，形成全程可控的智能机关事务管理指挥平台。开发门户网站、公共机构能源资源消费统计系统、建筑节能管控云服

---

[1] 高志刚：《电子政务"专有云"应重视信息安全》，载《经济参考报》2015年6月25日。

务平台、公务用车管理平台、办公用房智能管理信息平台、餐饮管理系统等子系统。同时，推进办事材料目录化、标准化、电子化，凡是能在线填报的就在线填报，能在线提交的就在线提交，能在线审查的就在线审查；建立网上预审机制，及时推送预审结果，对需要补正的材料予以一次性告知；涉及机关事务管理部门内部多家单位的事项，实行一口受理、网上运转、并行办理、限时办结，做到"单点登录、全网通办"。①

第一，构建资产管理体系。建设"虚拟公物仓"资产管理模式，建立国有资产大数据库，推进机关通用资产统一租赁、采购、调配、维护，动态分析资产管理处置工作，提升资产使用效益。对大型活动、会议及临时机构的物资设备实行集中租赁、统一调配、集约使用，降低行政成本。

第二，在公务用车管理上，推行统一的公车标识管理，建立公车使用管理信息平台，实行公务用车"一张网"管理和内外监督。依托政务云服务建成公务用车智能化管理服务系统，包含公务用车监督管理平台。设置公务用车叫车系统，可通过电子预约、电话确认、短信回复等方式预约公务用车，有效减少纸质预约单使用，方便叫车、派车管理，降低人力成本。今后还应打破地域界限，达到市与市联通，省与省联通，逐步形成全省一张网，全国一张网。

第三，建立节能及会议服务智能化信息系统。如在行政中心安装楼宇设备自控系统，可实现空调定时开关机、温度控制、风量控制等，便于对空调系统集中管理，同时系统温控、定时开关功能也对节约能源有一定作用，既方便管理又经济节能。进行技术升级和改造，设置会议室预订系统，用网络手段将原本独立的各会议室联通，使所在会议室可接收其他任何会议室的音视频，有效避免因参会人数过多、会

---

① 国管局政策法规司：《推动智慧后勤建设 助力机关事务工作转型发展》，载《中国机关后勤》2017年第7期。

议室无法容纳的情况发生，进一步提升会议服务质量。

第四，建立办公用房智能管理信息平台及维修管理系统。完善机关办公用房智能管理信息平台，采用"智能图形"模式，以图管房、自动绘图、图数结合，实现办公用房动态化监管。将办公用房维修管理方面的法律、法规信息、使用维护情况、违规处分通知等内容纳入办公楼用房智能管理信息平台系统中，并做到及时公开相关信息。同时，在一定范围内公开信息，实现一键传输、一网统揽的大数据管理。通过改进网络设计、增加服务栏目等方式，使计划申请、资料审核、项目批复、施工监管、竣工验收、单位回访、学习指导等各项工作更加方便、快捷。在实际工作中，要定期做好经过审批并实施的大修改造项目的信息记录，通过信息化管理手段使重复上报、重复维修等系列违规行为得到有效遏制。通过对办公用房的信息化管理，优化资源分配，提高工作效能，使急需维修项目能够及时得到资金支持并维修改造。

第五，建立后勤服务管理系统。建立信息化系统，有助于实现机关食堂的技术防控，提高科学管理水平和监管效能。对餐饮环节操作、加工流程全过程进行监督检查，达到源头可追溯、原因可溯源、责任可追究的监管效果，增强业务科室、食堂工作人员规范操作的自觉性。同时，避免食材浪费，实现节约高效的目标。通过手机微信提前订餐报餐，杜绝食堂浪费，用扫描二维码取餐代替传统的打卡（或刷卡）用餐；用手机端报餐取代传统网页订餐，实现一键批量报餐、每日菜谱发布、菜品评价、订餐人数、菜品统计、准确扣费以及一键生成各类统计报表等服务，控制食堂成本。

三、建立机关事务数据中心

"数据中心"就是机关事务行业内的大数据中心，它负责存储和管理机关事务信息数据，负责在各级单位之间横向或纵向地进行数据交换。通过对各类资源信息库的挖掘、抽取、分析，产生可供上层应用系统使用的大数据信息。数据资源中心的建设，不仅解决了信息化建设过程中普遍存在的信息孤岛问题，同时实现行业的信息化建设从割裂建设、分散建设向统筹规划、整体建设转变。

机关事务管理工作的主要职责是对国有资产、后勤管理、公务用车、公共机构节能和房地产等进行管理。目前各地机关事务管理部门基本上都已建成政务网、财务管理、资产管理、公务用车管理、公共机构节能管理、人事管理等系统，这些系统积累了大量的数据。随着物联网和移动互联网技术的发展和应用普及，更将产生爆炸式的数据增长，并且各部门的工作互相交叉，给工作人员带来繁重的工作量。但是，目前数据利用率普遍较低，重存储、轻使用的现象较为突出，迫切需要搭建有效利用数据的平台。依托云计算与大数据分析，将人员信息、设备信息等纳入数据库，充分挖掘、分析会议安排及其使用效率、车辆使用、水电使用、餐饮认可度、饮食偏好等管理数据，盘活数据并充分发挥数据在信息服务中的价值，有针对性地对监测系统采集的数据进行科学分析、预测和预警，为领导决策和创新监管方式方法提供依据，优先对反映强烈的问题通过信息化手段予以解决。

数据中心大体上包括IT基础设施、信息资源库、安全与维护、业务系统四个方面：（1）IT基础设施。这主要包括机房环境、服务器平台、网络安全平台、存储平台、数据库平台、备份平台、维护平台等。（2）信息资源库。随着各级机关事务管理部门信息化建设的不断推进，各种类型的信息资源库不断建立起来，如公务用车、办公用房以及设备管理等资料库。（3）安全与维护。这主要包括资产安全、网络安全、数据安全、日常运营维护等。资产安全通过门禁、监控等手段予以保证；网络安全通过防火墙、入侵检测等安全手段予以保证；数据安全通过数据备份实现，而日常的运营维护则保证了中心稳定、可靠的运行。（4）业务系统。业务系统是数据中心建设的核心部分，数据中心的运营维护人员应在一定程度上熟悉业务流程,同时也要熟练掌握系统的使用,这样才能很好地协调业务单位和开发单位的日常工作沟通。[1]

目前,各地数据中心的建设比较多样化,根据地域、信息化程度、财政状况等不同特点,主要采用以下四种建设模式[2]:

第一种是自主建设、自主运维模式。在该模式下,建设单位完全享有数据中心的所有权、使用权,可以由建设单位的人员来进行运营维护和管理,但是自建数据中心也需要花费大量的人力、时间和财力。此模式的好处显而易见:数据中心的升级与扩容不受限制;可以统一规划、统一部署,在建设过程中可随时调整、改进建设方案;安全性高,外界威胁较少;享有数据中心的所有权和使用权。

第二种是共同建设模式。共建通常是由建设单位和第三方企业共同出资建设,建设完成后按照约定的比例共享数据中心的使用权。该模式适合财政不充裕但又想建设数据中心的党政机关。共同建设模式也存在一定的弊端,由于双方甚至多方同时拥有数据中心的所有权和使用权,容易在发生纠纷时难以处理。

第三种是建设—移交模式(也称为BT模式)。BT模式是建设单位与第三方公司签订合同,由该公司筹资并建设数据中心。目前各地多以运营商承建为主,承建公司在约定期限内对数据中心进行运营维护,回收投资进而获取利润。约定期满后,再将数据中心的所有权和使用权移交给政府。

第四种是租赁模式。租赁模式是建设单位租用第三方已建成的数据中心,建设单位业务系统运营所需的服务器、网络、存储、安全、备份等资源,完全由该数据中心提供,单位只需进行业务系统的部署。

---

[1] 《政府数据资源中心建设探讨》,https://max.book118.com/html/2017/0601/110839046.shtm,访问日期:2019年9月19日。

[2] 同上。

该模式的好处是建设单位不需要培养专业技术人才，只需将精力放在业务上，减少了部分开支；但缺点是建设单位对运营环境缺少支配、控制能力，业务调整、故障排查都会受到一定的限制，响应时间也会相应增加。当然，该模式最大的好处是减少了大量的开支，同时可以随时撤出而无须担心投资的浪费。

值得一提的是，数据中心的运营维护是一项相当复杂的工程，涉及众多领域的知识，甚至是多部门的协作。而建设部门自身的运营维护人员往往在专业领域内不够专业，这种情况下考察合适的外包单位进行运营维护将会是比较好的选择。

数据中心的建设终究是为了辅助机关事务管理的科学决策。大数据的核心是预测，对海量异构实时数据进行统计分析并形成预测结果。各业务系统原始数据千差万别，领导决策时也不可能掌握每一个数据项的具体含义，应充分利用现有数据抽取和数据可视化等技术，对机关事务管理工作中积累的大量数据信息进行挖掘和分析，比如对供需矛盾中的主次矛盾、因果关系、约束条件等依次分析、研究，认清问题症结，抓住主要矛盾，为解决问题、定向施策提供支持或参考，提高机关事务管理工作的决策水平。此外，可以通过建立相应的数据分析模型和数据决策模型，开展政策研究和重大决策的预测、推演，实现以数据促业务、以业务抓数据，形成良性循环。

四、以数据共享推动技术融合和业务融合

《国民经济和社会发展第十三个五年规划纲要》明确要求"制定政府信息资源管理办法，加快推进跨部门数据资源共享共用"。2016年4月19日，习近平总书记在网络安全和信息化工作座谈会上强调要"强化信息资源深度整合"，"打通信息壁垒，构建全国信息资源共享体系"。李克强总理也多次要求要打破一个个互不相连的"信息孤岛"和

"数据烟囱",推动政府数据共享。①

经过多年努力,我国政务信息资源建设取得重要进展,党政机关已经成为最大的信息数据生产、收集、使用和发布单位。但因跨部门共享机制不健全、政策制度滞后等原因,"不愿共享""不敢共享""不会共享"问题(简称"三不"问题)突出,影响了数据资源共享应用的整体效能。②那么,如何破除"三不"问题?可以从国务院印发的《政务信息资源共享管理暂行办法》(以下简称《政务信息共享暂行办法》)中找到依据,这是国务院推进政务信息资源共享的制度化和规范化的重要文件,也是当前和今后一个时期国家推动政务信息资源共享的规范性和纲领性文件。

首先,《政务信息共享暂行办法》规定了"以共享为原则,不共享为例外。各政务部门形成的政务信息资源原则上应予共享,涉及国家秘密和安全的,按相关法律、法规执行"等内容,明晰了信息共享的权利和义务,界定了信息共享的范围和责任,都将有效解决由于制度缺位带来的不敢共享的问题。

其次,《政务信息共享暂行办法》规定了"国家发展改革委、财政部、国家网信办建立国家政务信息化项目建设投资和运营维护经费协商机制,对政务部门落实政务信息资源共享要求和网络安全要求的情况进行联合考核,凡不符合政务信息资源共享要求的,不予审批建设项目,不予安排运营维护经费"。《政务信息共享暂行办法》强化了对信息共享工作的管理、协调、评价和监督,一方面加强绩效评价,对于信息共享工作突出的部门,采取激励措施,正向引导各部门共享数据;另一方面强化监督问责,对于未按要求开展信息共享工作的部门,

---

① 《〈"十三五"国家政务信息化工程建设规划〉解读》,http://www.gov.cn/zhengce/2017-08/31/content_5221708.htm,访问时期:2019年9月19日。

② 《发改委负责人解读如何打破信息孤岛消除数据烟囱》,http://www.chinanews.com/cj/2016/09-23/8013088.shtml,访问时期:2019年9月19日。

采取项目稽查、审计监督等措施,建立问责机制,解决不愿共享的问题。

最后,《政务信息共享暂行办法》明确要求建立信息资源目录制度,"各政务部门按照《政务信息资源目录编制指南》要求编制、维护部门政务信息资源目录""各地方政府按照《政务信息资源目录编制指南》要求编制、维护地方政务信息资源目录,并负责对本级各政务部门政务信息资源目录更新工作的监督考核"。各部门按照统一的标准制定信息资源目录,明确可以共享的信息资源,并通过国家数据共享交换平台进行跨部门共享数据,有效解决环境滞后带来的不会共享的问题。

综上所述,信息化为机关事务管理战略服务,信息化规划则需要在详细分析机关事务核心业务与辅助业务的基础上,将其他部委和地方单位之间、各部门之间、岗位之间的输入、输出关系严谨地表达出来,梳理清楚,形成信息系统架构图。同时,将信息系统之间的输入、输出关系确定,确定哪些数据在哪些系统之间共享,形成数据接口清单,这样才能够在选型或开发时保证后续建设的信息系统不会出现"信息孤岛"问题。

五、推进信息化安全与标准化建设

网络安全和信息化是相辅相成的。安全是发展的前提,发展是安全的保障,安全和发展要同步推进。当前,我们在享受信息化技术带来的效益时,也面临网络安全威胁和风险。技术部门要加快构建关键信息基础设施安全保障体系,摸清家底,认清风险,找出漏洞,及时整改。同时,网络安全与机关事务系统的每个人都息息相关,既要提升保密意识,遵守国家有关保密的法律、法规,又要掌握必要的网络安全知识,防患于未然。

信息化标准是国家标准体系的重要组成部分,是增强国家信息化发展能力的重要支撑。近年来，我国信息化标准在制定、修订、应用实施等方面取得积极进展，但整体水平还比较低。例如，国家层面缺乏统筹推进信息化的工作机制，信息化标准不一，不能有效支撑跨层级、跨地域、跨系统、跨部门、跨业务的协同管理和服务等。

为了顺应全球新一代信息通信技术发展趋势，结合我国发展实际，必须加强顶层设计和统筹规划，建立完善的信息化标准体系，充分体现技术先进、应用广泛、系统完整的要求，满足信息化创新发展的需要。贯彻落实习近平总书记在网络安全和信息化工作座谈会上的重要讲话精神，围绕《国家信息化发展战略纲要》和《"十三五"国家信息化规划》的滚动实施，坚持统一谋划、统一部署、统一推进、统一实施，加强信息化各类各层级标准协调发展，推进信息化领域技术研发、产业发展、网络安全、政策规划等与标准体系的统筹衔接，增强标准制定、实施与监督的系统性和协调性。

第三节 创新机关事务信息化建设

为适应新时代关于机关事务管理工作的新要求，创新机关事务信息化建设是必由之路。在机关事务管理部门不断发展的过程中，原有的基于"小而全"机关事务信息化方式已不能完全适应新时代机关事务管理工作的要求，必须在通过信息化推动机关事务管理变革的同时，不断创新机关事务信息化建设。

一、机关事务信息化创新的原则

推广机关事务信息化创新，在工作要求上主要遵循三个原则[①]：一

---

① 王德：《大力推进机关事务治理体系和治理能力现代化》，载《中国行政管理》2017年第3期。

是要坚持顶层设计，统一规划、建设和运维。推动信息基础设施和网络安全协调发展，基础硬件、软件协调发展，电子政务内网、外网协调发展。合理运用云计算、大数据等技术，搭建基础平台，夯实信息化基础。二是要坚持应用驱动，统筹安全和发展。以信息化驱动管理现代化为主线，以建设机关事务大数据为目标，着力增强机关事务信息化发展能力，提高应用水平，使信息化在机关事务管理和政务服务中发挥更重要作用。三是要坚持需求和问题导向，注重统筹规划、融合创新。以信息化重点项目为依托，对接国家电子政务工程，深化机关事务信息化应用，完善信息化发展环境，努力实现业务信息上下贯通、左右联通和内外融通，推动信息系统全面发展。

二、成立信息化建设部门和专项资金

信息化建设是近些年才发展起来的新事物，不到十年即得到高速发展，如银行、工商、税务、房地产、卫生、教育等系统基本上都开发了相应的信息系统。信息化建设的成功除去其本身具有的无可替代的特点和优势外，还必须要有正确的信息化建设思路。①

（一）建立行之有效的信息化制度

信息化建设是一项创新工作，是与以往的工作思维方式大不相同的变革。在推行的过程中，势必遇到各种各样的阻力，这时就需要主要领导的决心和强力支持，否则信息化建设将遭遇失败，不了了之。因此，在信息化建设之初，需要专门成立机关事务信息化建设工作领导小组，细化工作职责，形成由工作小组牵头实施、相关职能科室密切配合的组织推进机制。

与以往建网站、发邮件、开电视会议性质的网络化形式不同，新

---

① 黄建奇：《信息化助力机关事务管理工作发展》，https://max.book118.com/html/2016/1201/67357782.shtm，访问日期：2019年9月19日。

时代的信息化建设实际上是一个行业、一个单位工作创新开拓精神和思路的体现，信息化建设的核心是要将各项业务工作细化成各种数据存入数据库，根据各种工作业务的逻辑关系进行联网操作，通过信息系统进行二次处理并输出结果供使用。当然，任何工作创新都离不开制度的保障。信息化建设也必须依靠制度来顺利实施，计算机系统是不具备思维的事物，其运转只能根据人的需求进行运算，而人的工作又得根据有关制度的安排进行，归根结底，信息化建设过程就是将工作制度化、制度程序化、程序机械化。因此，制度建设非常重要，需要将工作业务形成标准的操作流程固定下来，形成大家必须遵守的制度，而不能随人的主观因素对标准工作业务流程进行随意变更；否则，信息化建设将不能满足实际的工作需求。

（二）信息化建设具体实施需要有专业人士担纲

信息化建设是一个系统建设，是计算机技术与网络、数据库技术的高度整合，专业性较强；需要由专业人士对工作业务进行系统分析，形成逻辑工作流，最终分解成计算机能识别的程序代码；程序代码完成后还需要指导各部门的工作人员应用，使得信息化覆盖每一个员工，达到系统全员参与的目标。机关事务管理的范围比较广，各单位人员精力、专业技能也有限，因此，需要有专业的技术人员对机关事务管理部门的业务工作进行详细的需求分析调研，并了解其他部门的运作方式进行相对应的资源整合，以建成最适合管理需要的信息系统。

（三）信息化建设需要有资金支持

俗话说："巧妇难为无米之炊。"信息化建设是一项"烧钱"的工作，任何一项小程序、小软件的开发和维护都要花费很多资金。因此，机关事务的信息化建设必须要有专项资金的大力支持。

三、推进多平台信息化服务

利用物联网和移动互联网技术开发机关事务管理专门的手机 APP，

将机关事务管理工作转化为可定制的服务产品，将提供服务的过程转变为处理订单的过程，以服务管理订单化、沟通反馈常态化以及服务评价数据化来优化服务保障体验，创新服务保障模式。而手机 APP 包括"智慧后勤"的全部应用，能够实现"指尖上的管理"。在系统建设中，还可以考虑将局域网与使用者手机 APP 一并纳入建设。手机 APP 可以实现网站的全部功能，成为移动端的机关事务管理门户。

（一）微信小程序创新服务模式

为了持续推进"互联网＋机关事务"建设，在管理保障服务中积极运用信息化前沿技术，助推开放、共享的工作理念，努力实现"管理"向"治理"的跨越转变，大力推动各种软件和小程序的开发，能够为新型服务提供便捷平台。

作为以微信为支撑的超级流量入口，微信小程序成本低廉，能做到免安装服务，即开即得，运行流畅。基于这些优点，可以开发微信服务产品。例如，在食堂和保修服务中，有的单位着力打造这种触手可及的小程序服务，实现触手可及的参与，面向机关办公区内的职工开发微信"食堂外卖"和"报修"服务。职工在食堂用餐时，可扫描餐桌上的二维码进入小程序，即时订购当日食堂售卖的餐食，享受方便、快捷的订餐体验。"报修"服务旨在为职工提供多渠道的求助体验，同时也能够激励职工群众参与大楼的安全运行和管理。如职工在某一楼层发现漏水、停电、设备损坏等情况，可随即用手机扫码楼层张贴的二维码，进入"报修"功能，通过拍摄照片和文字描述，发送故障信息。值班室工作人员通过小程序的反馈消息，即可立即定位楼层，并直观地了解问题情况。据公开资料显示，微信已经占到手机用户在线时间的三成以上，作为不同于微信的应用服务，小程序以二维码为服务扫描端口，将满足更多的线上服务与线下场景相结合的需求。这些无处不在又随时可用的小程序，可以作为提高机关后勤服务体验的重要方式。

(二)开发手机 APP 实现机关事务移动管理

开发专门的机关事务管理手机 APP,实现机关事务"指尖上的管理",是智慧后勤的特殊体现,目前有些单位已经进行了成功的尝试。在浙江省杭州市机关事务管理局开发的服务信息平台上,包含三个终端:门户网站突出功能性,微信公众号体现便利性,服务热线增强互动性。三种方式相互补充,目前主要功能包括会场预定、维修服务、服务信箱、全景导航、实时状态查看、一卡通服务、餐饮服务、失物招领等。其中,单位用户通过网络预定会议厅,平台自动筛选符合需求的会议厅,解决资源信息不对称、会务需求传递烦琐的问题;服务信箱的启用改变了传统纸面、电话的交流模式,通过平台实现交流、沟通"零距离";全景导航以平面地图结合虚拟场景展示市民中心,并支持导航功能,方便用户前往目的地。①

浙江省温州市机关事务管理局依托温州打造"智慧城市"的总体规划,充分融合机关事务与"互联网+",以市行政中心为核心,着力打造"智慧大院"APP 项目。"智慧大院"APP 作为建设"智慧大院"的核心内容和标志性项目,集合"智慧大院"各子系统,将成为机关大院各部门加强彼此联系的信息库、机关大院干部职工办理后勤事项的服务站、机关大院干部职工监督机关事务的"紧箍咒",全面助力后勤服务水平的提升。现已先后建成了智能一卡通、阳光厨房、智慧节能等子项目,为后勤服务、保障、管理注入"智慧元素",显著提升了市行政中心后勤服务保障的智能化水平,在浙江省乃至全国机关事务管理系统中产生了较大的影响。一卡通项目的竣工和 APP 上线运行,是降低机关运行成本、提高后勤管理效率和实现机关事务管理工作转型升级的务实举措。②

---

① 《杭州市机关后勤服务信息平台试运行》,载《中国机关后勤》2017 年第 5 期。
② 黄克强:《"互联网+"机关事务 温州"智慧大院"APP 上线》,https://zj.zjol.com.cn/news.html?id=866575,访问日期:2019 年 9 月 19 日。

（三）建设整合式终端

推进智慧后勤建设是一项长期的系统工程。开发微信公众号平台、小程序和政务服务终端的初衷是简化办理流程、优化政府服务。一个政务软件的开发和运营费用都很昂贵，也并不是数量越多越好，每个部门单独开发一个 APP 的方式，只会工作变得纷繁复杂，甚至引起混乱。因此，手机 APP 的开发一定要是各项资源整合式的。

群众少跑腿，数据多跑路，发展电子政务的本质是要求政府改变工作方式，简政放权，变管理为服务；不从根本上改变原本的服务方式，只是一心想赶"互联网＋"的时髦，为政绩增亮填色，这样的应用终端最终只能是个形象工程，和智慧政务、智慧后勤无关。在智慧后勤的建设中，既不能热衷于政务软件的数量，也不过分强调浏览量、下载量，相比于华丽的使用数据，更应该看重用户的使用效果。开发整合式终端就是要紧紧围绕机关事务管理工作的现实需要，以需求和应用为导向，突出重点，注重实用，解决工作中的实际问题，信息化、数字化、智能化意识不断增强，让机关事务管理工作运行更加顺畅，进而提升机关事务管理的能力。

第八章　机关事务绩效管理

绩效管理源于企业对效益、利润的追求，并逐渐发展成一套系统的管理体系，在"新公共管理运动"的背景下被引入到政府管理领域，成为政府管理人、财、物及其他资源的有效手段。

西方政府绩效管理理念在20世纪90年代末才引入我国，但在此之前我国已经开展了各种提高政府绩效的管理措施。例如，20世纪80年代推行目标责任制、90年代中期推进效能建设。[1] 2000年以后，在结合前期发展的基础上，我国政府绩效管理开始进入优化整合和本土化阶段，并随着改革开放进程的深入而逐渐推进。[2] 党的十八大报告提出"创新行政管理方式，推进政府绩效管理"；党的十八届三中全会报告提出"严格绩效管理，突出责任落实，确保权责一致"；党的十九大报告在第五部分"贯彻新发展理念、建设现代化经济体系"中明确提出"全面实施绩效管理"；党的十九届三中全会通过的《中共中央关于深化党和国家机构改革的决定》明确指出，严格绩效管理和行政问责，加强日常工作考核，建立健全奖优惩劣的制度。由此可见，党的十八大以来，政府绩效管理发展到了一个全新阶段，即从地方试点走向了顶层设计，它已成为我国行政体制改革和政府职能转变的核心手段，也是实现国家治理现代化的重要路径。

---

[1] 孙斐：《改革开放40年中国政府绩效管理的演化路径与动力分析——基于PV-GPG模型的诠释》，载《行政论坛》2018年第2期。

[2] 贠杰：《中国政府绩效管理40年：路径、模式与趋势》，载《重庆社会科学》2018年第6期。

机关事务是机关内部专业化分工的产物,"兵马未动、粮草先行",我国政府组织庞大,必须有可靠的人、财、物保障系统。① 当前机关事务管理面临诸多挑战,人民群众对政府规范自身行为、降低运行成本的期望越来越高,尤其对公车改革、公务接待、办公用房等常规性机关事务管理也有着前所未有的关注。在全面推进政府绩效管理改革中,我国各地机关事务管理部门都积极开展了绩效管理探索,取得了一定成效,但还需要更好地契合机关事务管理实际,并在管理主体、内容、程序、反馈机制等方面迫切需要进一步改进和完善。

第一节 加强和完善机关事务绩效管理的必要性

当前我国正处于全面建成小康社会、实现中华民族伟大复兴的关键时期,积极推进绩效管理是构建运转协调、公正透明、廉洁高效的机关事务管理体制、机制的重要举措,也是实现机关事务治理体系和治理能力现代化的必由之路。

一、顺应国家治理能力现代化和政府绩效管理改革的时代要求

在绩效管理理念还没有引入中国之前,在行政体制改革和政府职能转变背景下,我国就进行了一轮又一轮提高政府绩效的探索。2008年2月27日,中国共产党第十七届中央委员会第二次全体会议通过的《关于深化行政管理体制改革的意见》就指出,要推行政府绩效管理和问责制度,建立科学合理的政府绩效评估指标、体系和机制。2011年6月8日,国家监察部印发了《关于开展政府绩效管理试点工作的意见》。之后国务院批准建立政府绩效管理工作部际联席会议制度,并同意选择北京市、吉林省、福建省、广西壮族自治区等8个地区进行地

---

① 高鹏程:《政府效能与机关事务工作》,载《中国行政管理》2018年第3期。

方政府及其部门绩效管理试点，国土资源部、农业部、国家质检总局进行国务院机构绩效管理试点，国家发改委、环境保护部进行节能减排专项工作绩效管理试点，财政部进行财政预算资金绩效管理试点，自此绩效管理在全国各级政府机构如火如荼开展。

2012年，政府绩效从以评估为中心转向全面绩效管理，从地方和部门试点走向宏观顶层设计。党的十八大报告明确提出要"创新行政管理方式，提高政府公信力和执行力，推进政府绩效管理"。党的十九大报告在第五部分"贯彻新发展理念、建设现代化经济体系"中明确提出，"建立全面规范透明、标准科学、约束有力的预算制度，全面实施绩效管理"。由此可见，绩效管理已成为行政体制改革和政府职能转变的核心手段，也是实现国家现代化治理的重要路径。[1] 机关事务管理是我国政府行政管理工作中不可分割的组成部分，进行绩效管理探索是政府绩效管理工作的一部分。机关事务管理工作应结合自身工作性质与内在特点，重新确立时代站位和功能定位，在国家体制、机制改革向纵深发展、制度不断健全的情况下，顺应国家治理能力现代化和政府绩效管理改革的时代要求，积极推进绩效管理工作。

二、契合机关事务管理工作的目标

机关事务管理部门既要有效保障各级党政机关正常运转，又要管控、约束各级党政机关非理性的行为活动，使有限的财政资金得到有效的组织配置，真正"把好钢用在刀刃上"。[2] 这包含以下含义：一是机关事务管理是行政工作的组成部分，是机关职能活动整体的构成要件；二是机关事务管理的范围和对象是围绕机关职能活动正常开展的

---

[1] 负杰：《中国政府绩效管理40年：路径、模式与趋势》，载《重庆社会科学》2018年第6期。

[2] 尹兴：《机关事务治理体系和治理能力现代化的五大关系问题》，载《中国行政管理》2018年第6期。

服务保障系统以及提供服务保障的人、财、物;三是机关事务管理的逻辑起点是资产管理,外化形式是提供物质保障,最终目的是保障职能活动正常开展;四是机关事务管理是行政机关履行公共服务所必需的前置条件,其工作成效和成本也直接影响到行政机关提供公共服务的成效和成本;五是机关事务管理绩效的高低最终还是需要通过它所服务的政府整体绩效来考量,后者是判断机关事务管理能力与水平的重要指标。①

机关事务管理之所以从行政事务分化、独立出来,目的就是促进机关运行所需经费、资产、服务、能源资源等进行统筹配置、合理使用、监督管理等行政保障活动。从这个意义上来说,机关事务相比其他行政事务更要讲成本、讲效率、讲投入产出比,更迫切需要通过绩效管理来提升效率。

三、促进机关事务管理改革创新的需要

新中国成立后,我国机关事务管理工作经历了三个阶段:第一个阶段是计划经济体制时期(1949—1987),机关事务管理工作主要是经费管理和提供接待工作以及安全警卫等。第二个阶段是调整阶段(1987—2012),机关事务管理工作增加了政府采购、住房管理等资产管理。第三个阶段是改革完善阶段(2012年至现在),建立以经费管理、资产管理和服务管理为主要内容的全国机关事务管理体制。② 在以上阶段中,我国机关事务管理部门进行了多层次持续改革,取得了良好效果。例如,系统组建机关服务中心,将管理和服务分开;明确了后勤与事务的区别,理顺机关与服务单位关系;明确机关事务部门管理、保障、服务三大职能。通过这些改革精简了冗余机构,压缩了过

---

① 陶雪良:《论机关事务工作的高质量发展》,载《中国行政管理》2018年第3期。

② 高鹏程:《政府效能与机关事务工作》,载《中国行政管理》2018年第3期。

剩编制，减少了国家财政对后勤服务的投入，降低了运行成本，实际上提高了机关事务绩效。《机关事务管理条例》第1条就对机关事务管理部门的工作目标、工作机制和基本原则进行了阐述，即"为了加强机关事务管理，规范机关事务工作，保障机关正常运行，降低机关运行成本，建设节约型机关，制定本条例"，不断推进机关事务改革发展。

总而言之，从计划经济到市场经济，从机关后勤到管理、保障、服务，从分散管理到集中统一管理，从参差不齐到实施标准化，机关事务管理工作进行了全面改革，最终目标还是提高政府效能。随着改革的不断深入，政府职能转变和经费管理的逐步规范，对机关事务管理和服务保障的要求越来越高，后勤保障服务的工作难度日益增大，一系列深层次的系统性、结构性问题日益显现，如职能定位不准确、机构设置不规范、职责事权不清晰、政策标准不统一、机关资源不统筹等。因此，加强并完善机关事务绩效管理是推动机关事务治理体系和治理能力现代化的重要举措，是构建运转协调、公正透明、廉洁高效的机关事务工作管理体制和运行机制的必由之路。

第二节 机关事务绩效管理现状及存在的问题

我国机关事务绩效管理可以从两个方面进行考察，即机关事务业务部门绩效管理和机关事务管理部门工作人员绩效管理。近些年，我国在推进机关事务绩效管理的多年实践和探索过程中取得了一些成绩，基本建立了绩效管理体系，创新了绩效管理办法，但仍然存在绩效管理不精细、制度体系不完善、绩效管理过程监管不力等问题。因此，需要进一步分析这些问题产生的原因，进而为研究探讨改善我国机关事务绩效管理的办法和具体措施提供理论基础。

一、我国机关事务绩效管理现状

根据我国机关事务管理工作实际,当前我国机关事务绩效管理主要分为两大部分:一是对机关事务管理部门工作人员开展的绩效管理,二是对机关事务业务部门开展的绩效管理,这两部分绩效管理工作并没有独立于政府绩效管理发展轨道。2011 年,我国政府绩效管理试点从三个层面进行:一是选择在国土资源部、农业部、国家质检总局开展中央部门绩效管理试点;二是在国家发改委、环境保护部和财政部分别开展节能减排政策落实情况和财政预算支出专项绩效管理试点;三是选择北京、杭州等 8 个地方政府实施绩效管理试点。这些部门或政府中的机关事务当然被纳入到了绩效管理试点工作,机关事务绩效管理随着政府绩效管理的不断推进而推进。

(一)机关事务管理部门工作人员绩效管理现状

1. 机关事务管理部门工作人员绩效管理体系基本建立

机关事务管理部门工作人员绩效管理的内容是以机关事务管理的岗位职责、年初制定的工作任务和工作目标为基本依据,以工作业绩和成绩为核心,对机关事务管理部门工作人员的"德、能、勤、绩、廉"进行全面考核,并将考核结果作为调整岗位、奖金高低、级别升降、培训以及是否继续聘用等的客观依据。

2. 对指标体系进行细化和特色化凝练

机关事务管理部门制定的相关实施细则中的绩效管理内容要比公务员绩效管理内容更为具体,描述也不尽相同。通常来说,德主要涉及道德品质、政治态度、职业素养等方面;能则指职业所需要的业务能力和沟通协调能力;勤主要通过出勤率、工作作风来考察;绩主要指工作数量、质量、实绩;廉是指廉洁自律情况。其中,绩的占比最大(可以达到 60%),廉实行一票否决考核。

3. 注重实绩考核比重

从各地机关事务管理部门工作人员的绩效评价体系可以看出，对工作人员的绩效评价内容的覆盖面很广，既有对工作能力、工作态度的评价，又有对职业素质和敬业精神和廉洁的评价。但在所有绩效评价体系中，工作业绩一般都是最重要的绩效评价指标，并且将业绩作为工作人员职务晋升、工资薪酬高低最重要的依据，因为业绩是工作人员贡献程度的重要衡量尺度。

4. 探索多种考核方法

绩效考核方式通常采用年度考核为主，并与平时考核或其他方式考核（如反向测评）相结合的方式。年终考核则以平时考核为基础，采用年度工作总结与年度测评相结合的方法。被考核人自己撰写年度工作总结，内容通常为三个方面：一是"德、能、勤、绩、廉"五个方面表现；二是工作中存在的不足；三是下一年度的改进措施。年度考核和述职述廉相结合，由相应的考核人员现场对其进行测评，最终形成该名机关事务管理部门工作人员的考核结论。绩效考核结果依次分为四个等级：优秀、称职、基本称职、不称职；通常优秀有一定比例的限制，其他等级则没有比例限制。被考核人需要填写相关表格，考核结果要在一定范围内公示，并报人事部门备案。机关事务管理部门工作人员的绩效考核内容是借鉴《公务员考核规定（试行）》的相关内容，中央和地方机关事务管理部门在制定绩效实施细则时，都对内容进行了细化。如温州市洞头区机关事务管理局就增加了反向测评；上海市杨浦区建立了个人信用报告制度，将个人信用列入年度考核内容中。

（二）机关事务管理部门绩效管理现状

1. 初步构建了机关事务部门绩效管理领导体制、工作机制和组织体系

机关事务管理部门在绩效管理中基本做到了上下级目标设定的承

接和部门目标在内设处室间的相互分工。目标设定有以下特色：一是围绕部门中心工作和本部门基本职能，立足于推进管理和服务创新创优，着眼于理念和思路、发展模式、体制和机制、政策措施、方法和手段等方面的创新。例如，福建省莆田市机关事务管理局2018年的绩效考核方案就提出考核全面深化改革，落实省、市赋予的重大改革任务。二是突出工作重点，突出主体业务。年度工作计划确定的重要工作、上级业务主管部门确定的各项考核指标、反映部门主要职能履行情况的工作，必须纳入职能目标实行考核。三是考核指标基本切实可行，各考核指标、进度尽可能量化；确实不能量化的，要提出便于考核的定性指标，并明确目标完成的时间节点。例如，浙江省杭州市将绩效考核事务划分为几个时间节点在网站定期公布，并由专门机构（或牵头部门）评估逐项记分的考核办法，在年终对各处室、单位实施考评。通过自查自评、集中检查，总结分项考评的结果，对考评情况进行汇总，提出初步考评意见，并向被考评单位反馈。被考评单位如对考评意见有异议，可在规定时间内向部门办公室提出复议。杭州市政府绩效评估历经15年的发展，目前已设立了独立的政府绩效管理机构，统筹管理机关各个部门的绩效管理工作。①

2. 探索和初步形成了机关事务管理部门绩效管理的运行机制和方式方法

具体而言，一是局部实施综合考评。强调目标导向、注重实绩；实行领导与群众考核相结合、平时与定期考核相结合、定性与定量考核相结合的办法。坚持考核与奖惩挂钩为原则，以日常考核为主，年终考评为辅，对机关各处室、局属各单位进行考核。为充分鼓励创新创优、克难攻坚，设置加分项目。二是外部考评任务及时分解，及时将考核目标分解至相关处室、单位。

---

① 冉敏：《我国地方政府绩效管理实践模式比较——基于五种典型实践模式》，载《理论刊》2018年第5期。

3. 初步建立了实施过程的控制机制

过程管理即对各项既定绩效目标的监控，是通过获取绩效信息，对绩效责任主体的执行目标和履行职能的情况进行适时与阶段性的预警、监控及调控，是实现全过程绩效管理的必要环节，也是保障绩效管理实现预期目标的重要手段。对绩效目标的过程管理主要是通过日常考评实现。由专门机构对职能目标和任务实施的情况进行督促检查，其中，重点工作任务由各处室、各单位定期报送进展情况及下一步举措，然后由专门机构汇总并予以通报。目标考核部门根据职责分工，不定期对各处室单位指标的落实情况进行监督检查，受理有关投诉，并建立考核台账。

4. 绩效反馈与结果运用

目前，机关事务绩效考评结果主要是和评先评优挂钩；根据综合考评得分，评出优胜处室和优胜单位分别予以通报表彰。综合考评结果还会作为基层单位绩效工资调控额分配之依据。有的部门将综合考评结果予以通报、反馈，这样做有利于各个单位了解本单位的工作绩效，在下一阶段的工作中及时对不足之处进行改进和完善。

二、机关事务绩效管理当前存在的主要问题

（一）绩效管理计划中的目标和定位缺乏清晰的界定

和企业绩效管理计划一样，机关事务绩效管理计划也要遵循相关性和可测量性两个原则。对机关事务管理部门的单位业务以及各类工作人员开展绩效评价工作，首先必须明确绩效管理目标和相应的指标及其配套标准，这是开展绩效评价的前提和基础。唯有如此，才能真正充分发挥绩效管理的导向作用和激励作用。虽然现有的一些法律、法规及规章制度对绩效管理目标提出了具体要求，如《四川省机关事务管理局绩效管理实施办法（试行）》规定"为提升行政效能，增强履职执行力……"，但这些规定都缺乏操作性。目前在绩效管理计划的实

施过程中，大多都将绩效管理计划的目标理解为完成上级布置的任务，或者将绩效评价单纯理解为确定部门和个人利益分配、职务晋升的依据和工具，使得绩效评价的目标偏离，变得过于功利。另外，由于考核存在奖惩，有些机关事务管理部门避重就轻，仅把简单的、容易完成的工作任务和目标列为绩效考核项目，而把难度大的或者有风险的任务和目标排除在绩效管理计划之外。

（二）绩效考核指标过于抽象、粗糙

虽然很多地方机关事务管理部门在制定绩效考核指标时对相关指标进行了细化，如设立二级、三级不同层次指标，但总体来说仍然过于宏观和抽象，缺乏操作性和精确性，定性指标远大于定量指标。这主要表现为以下方面：首先，指标体系多为对公务员或其他政府绩效考核指标的照搬、照抄，很少能体现机关事务管理工作的本质特性，考评结果难以真正反映实际的绩效管理水平。其次，考评指标设计和权重的选择往往是凭借自身经验进行选择和界定，缺少对相关数据的科学研究和分析。再次，有些机关事务管理部门将难以考评的项目排除在考评之外，而将简单且容易操作的项目予以保留。最后，由于指标的结构、标准、衡量工具等设置不合理，导致绩效评估结果的运用存在偏差或根本不能使用，这种考评措施可能还会打击人员士气，起到相反的作用。

（三）绩效评价内容和方法有待进一步改进

科学、合理的绩效评价方法能对考评对象做出客观、真实的评价，进而能充分发挥绩效评价的功能和作用。目前机关事务绩效评价在内容和方法上存在的问题体现在两个方面：第一，受行政管理模式的影响，机关事务绩效评价内容和方法大量借鉴和参考了政府行政部门的考评内容和方法，因而不能充分体现机关事务管理工作的特点。第二，机关事务绩效评价内容和方法呈现多样化，如就方法而言，包括主观考评法、客观考评法、外部考评法、内部考评法、岗位目标管理考评法、年终投票考评法、案件定量打分考评法等。在目前机关事务绩效评价实践中，多数机关事务管理部门对各种绩效评价方法的利弊没有进行详细分析，对绩效评价方法的选择和确定也缺乏科学的论证过程和必要的理论支撑，因而难以对考评对象做出符合实际的评价。因此，在绩效评价内容和方法上，机关事务管理部门必须要体现自身的工作特点和运行规律，同时要依据现代管理理论，采用管理学、统计学的方法、工具进行科学的分析和合理的选择。

（四）绩效管理过程不完善

绩效管理过程中各个环节的信息收集、整理和呈现，为管理者的决策提供重要参考，为绩效评估提供事实依据，有助于不断改进工作，对绩效管理的反馈纠偏功能的发挥有着不可替代的重要作用。具体而言，目前存在的问题包括：绩效信息收集大多只体现在纸面上，在绩效信息产生后，有的不能及时进行完整收集，导致其难以作为决策和绩效管理的参考依据，大部分只是对绩效管理计划的完成时限进行了登记。有些绩效信息虽然得到及时的处理，但并没有作为考核信息的参考依据留存下来，致使绩效管理的反馈纠偏功能难以发挥。另外，由于在考核过程中缺乏必要的、完整的、准确的绩效信息支持，评估结果会出现偏差，最终导致绩效评估结果的应用也出现问题。在绩效信息的收集和管理过程中，也没有充分利用绩效信息的价值。

（五）绩效评估的结果未能得到充分应用

在机关事务管理工作中，绩效评估结果很少作为工作人员评优评先的依据。只要是不犯下严重的错误，基本上是以民主测评结果和各级领导的主观印象判断为主，而不是全面地利用绩效评估结果对个人和部门的工作成绩进行客观评价。而且，实践中运用科学、合理和可量化的绩效指标、绩效标准来规范行为和发挥激励作用的情况较少，即使有，也是仅作为事后的评判手段。同时，由于绩效评估指标等方面存在问题，致使评估结果严重失准，最终导致评估结果的运用存在两难局面。评估存在偏差,不但不能起到激励效果,反而会严重影响工作人员的积极性。绩效管理达不到效果,就丧失了绩效考核的权威性,违背了绩效管理的初衷,造成因绩效评估结果失准和偏颇使得考核小组在实际运用评估结果时往往并不使用绩效评估结果作为决定性依据。绩效评价的作用在于激发工作人员的积极性,以此实现组织的整体目标。绩效评价结果的实际运用表现为奖惩,但机关事务管理工作大多为例行公事,评价结果的使用仅限于年终奖金的发放和职称评定,很少与职务晋升、工资薪酬调整等挂钩,由此削减了绩效评价的价值。

三、机关事务绩效管理存在问题的原因分析

(一)管理体制和管理模式的因素

具体而言,一是机关事务定位不清。现有的绩效管理体系基本上参照行政机关的模式,没有充分体现出机关事务管理工作的特征与运行规律。二是绩效组织与管理角色存在冲突。在机关事务绩效管理中,管理者与管理机构并没有保持距离,传统的管理体制还没有做出适应性改变。这主要表现为:目前组成机关事务管理局的绩效管理人员都是原各岗位的工作人员,岗位工作和绩效管理的结合还存在较大冲突,绩效管理体系还只是一个软性的临时性组织。事实上,这种绩效管理还只是作为一种实验性的实践做法,并不触碰和更改原有的利益格局,使得绩效管理只是"一张皮"而已,绩效管理体系的骨架未能建立完善,由此导致绩效管理的许多工作无法进行。[①]

(二)文化习俗的因素

在中国历史发展的长河中逐渐形成了特有的文化习俗,深刻影响

---

① 蔡立辉、吴旭红、包国宪:《政府绩效管理理论及其实践研究》,载《学术研究》2013年第5期。

了人们的思维方式、思想观念、价值取向、风俗习惯和道德礼仪等方面。我国行政管理文化中的"中庸""官本位"等思想与绩效管理的价值很多是背离的。"中庸"思想强调和谐，在绩效管理中产生了"老好人"、轮流坐庄、利益分享等现象；"官本位"思想使得下级对上级产生畏惧，绩效考核结果取决于上级领导，下级、人民群众很少对上级进行评价，即使进行评价，也可能违背内心的真实意思表达。这些现象都与绩效管理追求的价值背道而驰。受传统管理模式的局限，各部门及其工作人员对机关事务绩效管理的了解不足，重视程度不够，导致绩效管理参与各方的积极性都不高，结果导致上级管理层决心大，下级执行无效果或者效果不理想。因此，怎样将绩效文化注入机关事务管理团队的绩效管理之中并促进绩效管理发展的理论和实践还有待探索。

（三）过程控制缺失的因素

目前，我国对政府机关工作人员的个人绩效考核还处于传统的人事考核阶段，即依据"德、能、勤、绩、廉"这种笼统的绩效指标来加以考核。这种考核的内容与政府机关工作人员的工作职责没有明确的联系，很难反映政府机关工作人员的实际工作状况。因而在实际执行的过程中，大多数考核都流于形式，无法帮助机关事务管理部门工作人员了解自己的绩效不足到底在哪里，以及如何才能进一步提高自己的绩效水平。同时，由于绩效考核的标准和依据不清，也经常会导致上级无法向下级解释考核的结果。造成这种情况的一个重要原因是我们长期以来对机关事务管理部门工作人员所从事的工作并没有进行深入的职位分析，很多重要的问题都没有明确的答案。所以，很难将评估结果应用于对领导干部的奖励、晋升或降职、岗位调整等其他人力资源管理决策，也无法告知被评价者到底如何才能改善自己的绩效。

（四）法律、法规不健全的因素

机关事务绩效管理缺少明确的法律、法规依据是其问题产生的主要原因。《公务员法》和《公务员考核规定（试行）》的规定只是宏观上针对所有公务员的原则性规定，可操作性不强，很难与现行的机关事务管理政策相配套。而且，机关事务绩效管理的行政监督法律、法规也不完善，使得绩效管理缺乏透明度和公信力。目前，国内关于机关事务绩效管理还无全国性的法律、法规，在制定具体的绩效管理制度时，其科学性、规范性、客观性就会存在偏颇，只能凭借自身的理解和经验来摸索进行。国内机关事务绩效管理的理论和实践研究滞后，导致绩效管理的各要素在运用过程中因缺少理论引导和实践指导而存在盲目性和随意性，并造成绩效管理实施过程的目的性不强、效果差。另外，由于中西方国家政府绩效管理在宏观环境、制度基础、功能定位、行政责任和职业伦理等方面存在着诸多差异，政府绩效管理的价值定位、指标体系、实施机制等要素也不尽相同，所以，对国外绩效管理的理论和实践经验也只能借鉴，不能照搬，机关事务绩效管理要实现其理论和实践的本土化还有一个相当长的探索过程。目前，国内学界关于机关事务绩效管理的研究成果不多，缺乏可供参考和学习的理论指导和实践模式。

第三节 积极探索机关事务绩效管理

机关事务绩效管理是推进机关事务管理部门建设的基础，更是保障机关事务管理部门发挥作用的关键。因此，积极探索机关事务绩效管理，以其必要性和可行性为基础，从机关部门绩效和机关工作人员绩效两个方面探索机关事务绩效管理的方式、方法、机制、制度、目标、评价等，具有非常重要的意义。

一、机关事务绩效管理的必要性和可行性[①]

（一）绩效管理是现代政府建设的发展方向

20世纪70—80年代，随着西方国家出现经济停滞、财政赤字危机，公众对政府的不满情绪日益高涨，迫切要求提高政府绩效管理水平，美、英等国相继建立了完善的政府绩效管理体制。1993年，美国国会通过了《政府绩效与结果法案》，并成立了国家绩效评估委员会，专门负责该法案的监督和实施。美国联邦政府建立了从项目绩效评估到部门绩效评估，再到跨部门绩效评估的层级式绩效评估体系。20世纪70年代末，英国政府为化解严重的财政危机、管理危机和信任危机，将绩效管理引入公共管理领域。经过多年的发展，其政府绩效管理措施应用广泛且技术上较为成熟，当前英国中央政府绩效管理的主要内容包括确立绩效管理战略目标、制订绩效管理计划、确定绩效管理指标、运用绩效管理结果等。

（二）当前政府部门绩效管理工作试点均取得良好成效

20世纪90年代前后，我国地方政府开始试行政府绩效管理，一些地区发展出有特色的政府绩效管理模式。2011年6月，经国务院同意，监察部印发了《关于开展政府绩效管理试点工作的意见》，并通过政府绩效管理工作部际联席会议，确定由国土资源部、农业部、国家质检总局进行国务院机构绩效管理试点，同时在国家发改委、财政部、环境保护部开展专项工作绩效管理试点。

2011年，国土资源部按照"简便易行、全员参与、信息化管理"的总体思路，开始试点全员绩效管理，主要内容包括职责履行和"法治国土"两个方面。绩效管理工作按照"年初计划—年中督办—年末

[①] 国管局政策法规司：《积极探索绩效管理推动机关事务治理体系和治理能力现代化》，载《中国机关后勤》2017年第6期。

考评—绩效改进"的流程开展，绩效管理结果作为各单位领导班子综合研判和年度考核的重要依据，成为年度考核中干部工作业绩评定的重要内容。

2011年，农业部开始在机关试行绩效管理。2014年，农业部印发了相关的绩效管理办法，将绩效管理扩展到部属事业单位，主要内容包括职责履行、依法行政、自身建设、满意度测评四个方面。绩效管理工作分为确定年度绩效管理计划与指标、组织实施与评估以及做好绩效管理结果运用与改进等阶段。其中，绩效管理结果成为领导班子建设和领导干部选拔任用、培养教育、管理监督、激励约束的重要依据。

2011年，国家质检总局绩效管理改革试点在部分司室和直属单位展开。2012年，绩效管理在国家质检总局全面铺开，考核内容包括年度重点工作和共性管理工作。绩效考核工作采取日常考核与年终考核相结合的方式，对总局机关、直属检验检疫局、直属事业单位分别进行考核，进而在不同性质的单位内部进一步区分，如总局机关区分综合（内部）管理司局与业务管理司局进行分类考核。日常考核主要是通过检查日常工作形成的数据、信息、文件和文字材料，检查绩效指标的完成进度；年终考核以日常考核为基础，能通过信息化等方式完成考核的，原则上不派考核组到现场考核。考核结果与主要负责人和干部的年度考核、干部管理以及预算管理挂钩。

（三）绩效管理试点为机关事务管理改革积累了大量的经验

1. 建立了职责明确、协同配合的组织机制

绩效管理是一项系统工程，需要发挥各方合力，形成强有力的组织保障。试点单位均成立了分管领导任组长的绩效管理领导小组，统筹组织开展绩效管理工作。同时，实行"一把手"责任制，做到绩效管理与业务工作协同开展、互相促进。

2. 科学设定绩效目标和评估指标

绩效目标和评估指标的科学设定是做好绩效管理工作的基本前提。试点部门围绕中央交办任务、本部门中心工作，逐步形成了符合本部门特点的绩效管理目标和评估指标设定机制。一方面，年初科学设定绩效管理目标和评估指标；另一方面，实行严格的动态调整，对年度工作推进过程中新增的重要事项或者因不可抗力等原因需要取消的事项，严格按照有关程序及时调整相应的指标。

3. 坚持试点先行、统筹推进的工作思路

国土资源部等单位均先从部分所属单位开展试点，在总结试点工作经验的基础上，全面推行绩效管理，不断完善相关制度、指标体系、管理体制、运作机制、评估方式以及结果运用，逐步构建较为健全的绩效管理体系。

4. 组建了内外结合、客观公正的绩效评估队伍

国土资源部、国家质检总局建立了以本系统业务骨干为主的评估专家库，并确定了匿名评审、回避等相关程序规定。农业部组织外部专家对行政审批工作进行考核。国家质检总局等部门还注重利用信息技术，研发和充分利用本单位绩效管理信息系统，减少人为干预，确保评估考核的公平、公正。

二、完善机关事务管理部门工作人员绩效管理的思路

（一）完善健全机关事务管理部门工作人员绩效管理的体制和机制

完善的立法保障是开展机关事务管理部门工作人员绩效管理的前提条件。目前，我国机关事务管理部门工作人员绩效管理的依据是《公务员法》和《公务员考核规定（试行）》，机关事务管理部门应该根据自身行业特点，制定符合本部门发展需要的机关事务绩效管理体制和机制，使得机关事务绩效管理有章可循、有法可依，以确保其严格

按照既定内容和程序实施。法律制度的完善也能提升绩效管理的权威性，不受任何组织、个人的干扰，能更多地获得当事人的认同，形成有利的绩效管理制度环境。在各地机关事业管理部门工作人员的职业发展存在千差万别的情况下，国管局应建立相关指标库，设定考核维度，明确考核项目、标准、方法、程序等，由各地有针对性地选择和借鉴。同时，也可以在不同地区继续开展试点工作，对于其中成熟的经验予以推广。

(二) 将过程控制和结果应用相结合

绩效管理是一个完整的动态循环过程系统，不但包括前期的绩效管理计划和指标体系，并且包括后期的绩效考核和结果的运用。

第一，管理者和被管理者要将沟通贯穿于整个绩效管理过程中，在制定机关事务管理部门工作人员绩效管理计划阶段要进行充分沟通，对目标和相应的指标体系进行协商。在绩效管理计划的实施过程中，就环境变化和工作本身进行沟通，可以适时对绩效管理目标和指标进行适当调整。沟通可以采用多种方式，如书面报告、定期会谈、面对面多人或一对一交谈。

第二，要做好相关绩效信息的收集工作，机关事务管理部门工作人员绩效管理所有的决策都建立在有效的信息基础上。在机关事务绩效管理中，最重要的信息包括绩效管理目标和指标的完成情况、工作实绩、工作人员因工作受到的表扬或处分情况、考勤情况等。同时，加强绩效管理还需要对工作人员进行有针对性的指导并根据实际情况适时调整目标。

(三) 健全和完善绩效评价主体

绩效评价主体应深入了解机关事务管理部门及其工作人员的工作性质和特点，观察业务部门和工作人员工作情况的机会应由具有较强分析和综合评价能力的部门、机构或个人承担，并且应具有相对的稳定性。同时，为了使绩效评价结果更加科学，可以借鉴采用绩效管理中的全方位考核主体方法，确定与自身业务或个人工作相联系的上级部门或领导、下级部门或下属、其他平行的业务部门或个人等多个考评主体，并采用管理学工具合理确定考评主体的考核权重。

（四）建立科学的机关事务管理部门工作人员绩效管理指标考核体系

绩效管理指标考核应当聚焦在职责履行、依法行政和自身建设三个方面。首先，要进行合理分类，在对机关事务管理部门工作人员的绩效管理考核指标进行设计时，应当充分考虑不同类型工作人员的工作性质，如区分在机关事务管理部门中的专业技术人员与一般行政人员的考核指标，对不同人员的考核指标权重的分配也不同。机关事务管理是对保障机关正常运转所需经费、资产和服务进行科学管理和有效配置的行政管理活动，在工作定位上可以概括为管理、保障、服务三项职责，绩效管理考核指标的设计要紧紧围绕机关事务管理工作的核心内容和定位，并结合机关事务管理工作对象的内部性、内容的保障性和敏感性来进行科学设计。[1]

（五）重视绩效评价结果的应用

强化绩效管理考核结果运用的关键是提高机关事务管理部门工作人员的个体利益与工作绩效的关联度。首先表现在物质利益方面的关联度，如绩效考核结果与工资薪酬直接挂钩并适当拉开差距，就有助于强化绩效考核效果，工作人员对绩效考核的重视程度也不一样。其次，在个人晋升方面特别是职务晋升和岗位竞聘制度方面，应在尊重民主评议的基础上，逐步降低主管领导的决定权重，突出机关事务管理部门工作人员实际工作能力和任内绩效表现的权重。通过强化工作绩效在良性升迁机制中的权重因素，形成适用于机关事务管理部门工

---

[1] 国管局政策法规司：《积极探索绩效管理 推动机关事务治理体系和治理能力现代化》，载《中国机关后勤》2017年第6期。

作人员的职业发展激励机制。因此,应尽快从绩效管理实践中总结有效经验,形成规律,通过立法方式纳入公务员管理制度体系,从而确保绩效管理优化激励功能有据可查,有路可行,并组织加强监督检查,保证机关事务管理部门工作人员维护自身合法权益有法可依。

(六)建立机关事务管理部门工作人员绩效考核申诉制度

绩效考核申诉制度是完善的绩效管理考核体系的必备内容,是保障绩效管理考核体系得到不断纠偏矫正的重要制度。因受到各种主客观因素影响,绩效考核难免会出现一些失误或误差,这些失误或误差对考核主体来说可能不是大问题,但是对于被考核者来说是关系到他们切身利益的重要问题。如果问题不能得到有效解决,那么势必会影响工作人员的积极性,也会对绩效管理考核体系的权威性造成不良影响。所以,建立绩效考核申诉制度是十分必要的。为此,建立绩效考核申诉制度首先应该畅通申诉渠道,对于考核结果存有异议的工作人员有权进行申诉。其次,依法规定接受申诉的部门和相关领导。最后,制定从申诉提出、申诉受理到申诉结果反馈的循环程序,直至申诉问题得到圆满解决。

三、完善机关事务管理部门绩效评价体系的建议

(一)明确绩效评价的目标定位

在确定机关事务绩效评价目标的过程中,应结合机关事务管理工作的性质、实际情况以及国家和社会对机关事务管理工作的期望和要求综合予以确定。在目标制定方面,可以充分体现出阶段性特点。例如,将提高机关事务管理部门工作人员的水平和素质、提高其各类业务的效率确定为初级阶段目标,将提高政府绩效和实现国家治理现代化确定为最终目标。最终目标的实现有赖于初级目标的顺利完成,而初级目标的完成必须要结合机关事务管理部门工作人员的工作实际,

体现特色，突出重点。同时，要体现绩效管理中过程控制的思想，即通过绩效评价，诊断出机关事务管理部门各业务科室存在的问题，进而提出改进方案，确保初级目标的顺利完成。

（二）充分体现机关事务管理工作的业务特征

机关事务绩效管理必须要充分反映机关事务管理工作的特点，符合机关事务管理工作的一般规律，并将绩效管理向分类、分层、分级的指标体系细化，从"均码考核"向"量体考核"转变，从而与机关事务管理部门的性质、岗位职责、管理层级以及行业特点相契合。当务之急是根据《机关事务管理条例》界定清楚机关事务管理的内涵、外延和核心工作内容，推进实施"政府机关事务的统一管理，建立健全管理制度和标准，统筹配置资源"。国家机关事务主管部门负责全国机关事务管理的业务指导，地方机关事务管理部门按照国家的要求实施具体管理。其中，在机关事务管理中积极推行的标准化与绩效管理能产生很好的互动性，协调好两者的关系就能互相促进各项工作的顺利开展。

（三）合理选择绩效评价的内容与方法

科学、合理的绩效评价内容与方法是机关事务绩效评价工作顺利开展并充分发挥作用的重要保证。为了使绩效评价的内容与方法更加科学，首先，在借鉴行政机关绩效评价合理元素的同时，必须充分体现机关事务管理工作的规律和业务特征。其次，应尽可能运用管理学、统计学以及其他相关学科的理论、方法和工具，确定合适的绩效评价方法，使内容和方法的选择得到更多的理论支持并包含更多的科学因素，避免绩效评价的主观性和笼统性。

（四）科学界定绩效评价指标

绩效评价指标的选取和确定历来是绩效评价工作的难点，尤其是对于部门的绩效评价，各类指标的选取存在较多的争议。为了体现机关事务管理工作的客观规律，首先应适当减少有关"量"和"率"的考核指标数量，将考核重点放在是否符合程序规范和程序标准上。其次，应舍弃与机关事务管理工作相违背的不合理的绩效评价指标。再次，要保证绩效评价指标在部门内部和部门之间具有逻辑上的一致性，不能产生矛盾和冲突。最后，绩效评价指标既要体现出机关事务管理业务部门和个人工作的共性，又要反映出不同部门和个人工作的差异。在上述原则指导下，再采用科学的手段和方法获取绩效评价指标，这样一来其合理性和有效性将得到充分保证。

附录一　浙江省机关事务管理模式及其启示

浙江省是我国对外开放和市场经济发展的前沿阵地。2002年以来，浙江省机关事务管理局在历届省委主要领导的亲切关怀下，勇于实践，积极创新，通过多年的摸索，形成了一整套行之有效的改革模式和管理体制，以"浙江模式"蜚声国内。《人民日报》、新华社等多家重要媒体对浙江省机关事务管理局的改革、发展成就进行了多次深入报道。18个国家部委和23个兄弟省市前来考察取经，浙江省机关事务管理局连续两次在全国机关事务工作会议上介绍经验，引起强烈反响。人事部人事科学研究院还专门建立了研究课题，出版了《后勤经济的崛起——浙江省省级机关后勤改革模式研究》一书，引起巨大的社会反响。

为了加快推进我国机关事务管理的规范化、科学化，更好地保障各级政府核心工作的运营，有必要对浙江省机关事务管理的成功经验进行及时总结、介绍。2018年3—5月，课题组多次前往杭州、嘉兴、莫干山等地进行调研，回顾浙江省机关事务管理的改革历程，深入基层观摩浙江省机关后勤的运营模式，并多次召开专家研讨会议，对浙江经验、"浙江模式"进行分析、总结，挖掘出浙江省机关事务管理模式成功的关键所在。

一、"浙江模式"的探索历程

浙江省机关事务管理局能取得今天的成绩，不是一蹴而就的。体制搞活之前的浙江省机关事务管理局，也存在管理混乱、效率低下等"老大难"问题。2002年以来，浙江省机关事务管理局在历任浙江省委领导班子的支持下，学习贯彻习近平总书记重要指示精神，大力推进机关事务治理体系和治理能力现代化，把以人民为中心的发展思想在机关事务管理工作中落到实处，走出了一条自我革命、自我发展的创新之路，使制度更加成熟定型，发展更有质量水平，机关干部职工的满意度和获得感明显增强。

（一）改革历程

浙江省机关事务管理局成立于1954年，2012年变更为现名。随着我国市场经济体制逐步建立完善、行政体制改革不断深化，浙江省机关事务管理局原有体制下的服务与管理之间、服务与经营之间、服务能力与服务需求之间、国有资产保值增值与管理效能之间、经营管理特性与传统体制之间的矛盾不断凸显、升级和激化。当时浙江省机关事务管理局面临的形势十分严峻，具体表现为：一是经营秩序混乱，亏损严重。全局当时有17个经营单位，其中13个处于亏损状态；50个"孙公司"共投资9700多万元，资产缩水3000多万元。经营单位负债达19多亿元，平均负债率为87.9%。二是直属单位沿用"大锅饭"的分配方式，职工收入水平下降，人才流失，资源浪费严重。三是制度不健全，管理不规范。一些重大决策不经集体讨论，不按程序办事，许多工作无章可循，国有资产遭受很大损失。2003年，浙江省监察厅的考核评价是"三不"——服务意识不强、服务质量不高、内部管理不严。由此可见，推进机关后勤改革迫在眉睫。

面对这样的局面，当时浙江省委省政府果断启用新的机关事务管理局领导班子，大刀阔斧进行改革。干部职工也普遍认识到自身体制、机制的弊病，上下一心，支持改革旧的管理体制、机制，谋求新的发展思路。

浙江省机关事务管理局的改革具体从改善局属单位经营状况和搞

活用人制度开始。2004年春天,浙江省机关事务管理局制定了《局属单位经营目标责任制和考核办法》,局机关每月通报经营单位的利润完成情况,年终对经营班子进行奖罚。新制度实行当年,就有6个经营不善的单位"一把手"被免职,13个亏损单位全部扭亏为盈。2005年,浙江省机关事务管理局进一步完善激励约束机制,规定"经营单位以上年实现利润为基数,增加100万元,奖励4万元;减少100万,扣年薪4万元;班子成员按照60%同奖同罚;职工工资福利必须相应提高"。通过一系列奖惩措施的出台,进一步解放思想,创新制度机制,以"岗位靠竞争,管理凭才能,收入看贡献"的用人、分配机制为核心,通过经济目标责任制考核和人才强局战略,实行业绩与分配和晋升挂钩,充分调动了干部职工的工作积极性、创造性,增强了发展动力和活力,使经营单位的经济效益大幅度提高,从制度机制上保证了国有资产快速增值。

经过两年左右的清理整顿,浙江省机关事务管理局曾陷入严重亏损的27个下属子公司,卸下了包袱,实现全系统扭亏为盈。2004年,下属经营单位就盈利4865万元;2005年完成利润超过1亿元,上缴税收7052万元;2003—2005年的经营利润连续三年翻三番。特别是曾连续7年亏损的之江饭店,2003年的亏损为400多万元,2004年一举扭亏,2005年实现利润1218万元,上缴税收490多万元,300多名职工年收入人均增长5000元。初战告捷,但浙江省机关事务管理局的改革步伐并没有停下,依靠自我发展和积累,迈开了更大的改革步伐。

"后勤经济"的崛起使浙江省机关事务管理局积累了丰富的改革经验,鼓舞了全局上下干部职工对改革、创新、发展的信心,很快将改革的战线扩展到各条战线,引进新的管理手段和方法,创新运营机制。深化住房公积金业务办理、政府采购等"最多跑一次"改革,推行绩效化评价,增强服务保障整体效能;"互联网+机关事务"深度融合,打造智慧机关事务;推进机关事务管理能力素质现代化,强化干部职工队伍建设，锤炼专业能力，提高抓落实水平，厚植行业文化和工匠精神。

（二）改革成效

经营单位效益的全面提升，成为改善机关服务的支撑保障。省直机关服务单位裁减冗员，改善硬件，优化服务。改革后短短两年内，建设、分配 2770 套机关职工经济适用住房，还通过竞价出售省级机关换购腾空房的探索，收回房款 2.8 亿元，上交省财政部门，纳税 1800 多万元，为盘活机关国有房产存量资源蹚出新路；完成改造省行政中心生态环境、改建机关食堂、改善机关幼儿园教学设施和设备等综合项目。

通过改革试点，省直机关各部门机关后勤工作"集中统一"的管理格局初步形成。由浙江省机关事务管理局牵头，省直所有部门实施办公用房"五统一"管理，新建省级机关办公用房管理中心，加快建设办公用房信息化管理系统，推进统一权属登记、统一调配管理、统一规范使用、统一维修改造、统一规划建设。浙江省大部分地区已完成办公用房清查和权属登记工作，会同财政部门开展资产移交调账。机关部门经营用房管理基本脱钩，完成省直单位所属培训中心、招待所、宾馆饭店等 62 家经营实体划转脱钩或注销，组建了浙勤集团统一接收、经营和管理。探索公车改革后公务出行"四个一"（公务保障一标准、省级中心一平台、省市县共建一张网、统一核算一本账）保障方式。

浙江省机关事务管理局从搞活后勤经济入手，不仅使管理局从以前的财政"漏斗"变成了"聚宝盆"，还通过自身经营收入保证了省级机关高效、有序的运转，更盘活了整个机关事务管理局的工作局面，实现了全省机关事务管理"四个更加、三个明显"：重要政务保障更加有力，集中统一管理机制更加健全，保障资源配置使用更加集约，服务保障手段方式更加有效；信息化标准化水平明显提高，干部职工队伍政治业务素质明显提升，管理和服务水平明显提高。自 2004 年起，浙江省机关事务管理局在全省各委办局年终考核中，每年都被评为优秀，创下浙江省直机关系统的记录。

二、"浙江模式"的主要内容

"冰冻三尺，非一日之寒。"浙江省机关事务管理局在短短几年时间内就取得如此骄人的成绩，并非偶然。历届浙江省委领导都高度重视机关后勤工作，对浙江省机关事务管理局的各种改革探索提供了大力支持和充分肯定。从省委领导到机关事务管理局的普通职工，都能从"以人民为中心"和"国家治理现代化"的高度来看待和界定机关事务管理在现代政府治理体系中的重要作用。面对新形势下的压力与挑战，浙江省机关事务管理局上下一心，化压力为动力，变挑战为机遇，在压力中寻找机遇，敢闯敢拼，改革发展理念、思路和路径。发扬"红船精神"，敢为天下先，打破过去的"大锅饭"思维，敢于对自身进行改革，终于摸索出一套符合机关事务管理规律的运行机制。

具体而言，浙江模式的成功主要来自以下八个方面的实践。

（一）领导重视，从新的高度认识和定位机关管理工作

在历任省委主要领导的重视和推动下，浙江省从省委主要领导到机关事务管理局的普通职工，统一认识，把做好机关事务管理工作提到落实"以人民为中心"的发展思想和推进"国家治理体系和治理能力现代化"的高度，充分认识到机关事务管理工作在社会主义现代化建设和国家治理现代化中的重要地位，牢牢抓住服务这个主责主业，强化服务理念，凸显服务功能，优化服务方式，为机关的高效运行保驾护航。

1. 做好政府中心工作的服务保障

浙江省机关事务管理局牢固树立大局意识、岗位意识，自觉围绕省委省政府的中心工作，全方位、多层次、立体化思考和组织服务保

障工作，做到"中心工作推进到哪里，保障就跟进到哪里"。一方面强化保障功能，进一步整合局属宾馆、饭店、会堂保障资源，健全统一指挥、分工协作、集约高效、一抓到底的工作机制；另一方面引进社会化服务，围绕职能转变和机关运行方式优化，将不涉及保密和社会能承接的服务交给市场，建立多元保障体系，提升服务水平。

2. 把"以人民为中心"理念落实到实际工作中，增强干部职工的获得感

机关事务管理工作的主要服务对象是机关干部职工，较少直接面对普通群众，因此，提高广大干部职工的获得感是机关事务管理工作的直接目标。同时，做好机关干部职工的服务、保障机关核心工作的正常高效运行，也就保障了各政府部门更好地为人民群众服务。浙江省机关事务管理局坚持把"以人民为中心"理念转化为高标准、高质量做好服务工作的强大动力，贯彻到机关事务系统干部职工的精神状态和服务水准上，从而提高省直机关广大干部职工的获得感，减少他们的后顾之忧，真正实现"为机关高效运转服好务，进而为经济社会管理服好务，为人民群众服好务"。

在贯彻落实"以人民为中心"理念方面，浙江省住房公积金管理中心实行的"最多跑一次"改革最具有代表性。为了落实"多谋民生之利、多解民生之忧，在发展中补齐民生短板"的要求，按照《中共浙江省委关于深化"最多跑一次"改革推动重点领域改革的意见》，省直住房公积金管理中心持续简化、优化公共服务流程，提出"以最少的人力服务客户、以最方便的渠道服务客户、以最快的速度办理审批"的工作目标，让群众少跑腿，业务就近办。通过住房公积金综合服务平台，让客户通过网上轻松、快捷、自助办理公积金业务；线下增设网点和办事大厅，方便客户就近办理公积金业务，设置"一站式"服务业务窗口。一系列改革措施实施后，群众对公积金服务的获得感明显增强，柜面客户满意度参评率90%以上，满意度达95%以上。

（二）打破条块分割，实现同级机关事务集中统一管理

习近平总书记在党的十九大报告中指出："全面深化改革的总目标是完善和发展中国特色社会主义制度、推进国家治理体系和治理能力现代化。"我国传统的机关事务管理方式以"单位制度"为依托，单位与单位之间在机关事务资源配置上的不平等，也导致了不同级别政府机关服务标准不一、同级政府不同部门的机关后勤各自为政，造成了人力、物力的浪费和单位"小团体主义"思想的泛滥，严重不符合国家治理体系和治理能力现代化建设的要求。

从 2002 年开始，浙江省机关事务管理局按照省委统一部署，在全国率先推进同级政府各部门机关事务集中统一管理，省、市、县全部设立机关事务管理部门，实现本级政府机关事务统一管理，建立以"三公"经费、公务用车、公共机构节能、政府采购、机关房地产管理等内容为重点的机关事务统一集中管理体制，通过集中统一使机关事务管理更科学、更集约、更高效。具体做法包括：（1）在经营性单位管理方面，组建浙勤集团有限公司统一接收、经营和管理省直单位经营实体；（2）在办公用房管理方面，实施办公用房"五统一"（统一权属登记、统一调配管理、统一规范使用、统一维修改造、统一规划建设），新建省级机关办公用房管理中心，加快建设办公用房信息化管理系统，基本形成了规范的管理制度、专门的管理机构、专业的监管队伍、信息化的监管平台；（3）在经营用房管理方面，推进经营用房统一管理，发挥资源统筹和规模经营优势，分类打造"会议基地、培训基地、接待基地"，努力实现比部门自办经济效益更好、监管质量更高、廉政风险更小；（4）在公务出行方面，深化公务出行"四个一"（公务保障一标准、省级中心一平台、省市县共建"一张网"、统一核算一本账）保障方式，根据运行情况优化省级公务用车管理平台，逐步扩大省市县一处登记、全程保障"一张网"试点。

1. 推进办公用房"五统一"管理

自2002年起,根据浙江省政府办公厅《关于加强在杭省级单位土地使用管理的通知》精神,对省级单位国有土地、省级机关办公用房状况进行了全面清查,在对省级机关房地产现状有了较为全面了解的基础上,积极开展省级机关及所属单位办公用房"五统一"管理工作,将所有权与使用权分离,建章立制,形成了一套行之有效的做法,初步建立了统一管理机制。

具体做法包括:(1)促进办公用房资源优化整合。突出管理至上,坚持边接收办公用房,边履行调配职能。一手抓重点、抓急事,及时调配解决了新成立的省监察委、省海港委、省网信办等单位的办公用房;一手抓构建行政单位"集中办公"格局,即省级机关向省行政中心集中,事业单位向主管厅局集中,使办公用房布局更加合理,实现就餐、停车、物业管理等后勤资源充分共享。(2)规范办公用房租借行为。机关事业单位之间办公用房不足需通过租用方式解决的,在办公用房统一管理后直接通过调剂方式安排,节约了行政经费。(3)建立房地产管理信息系统。积极推动省级机关事业单位房地产管理信息系统升级,将办公用房调配、租赁、维修等业务纳入信息化平台管理,运用信息化手段实现以图管房,明确每个房间的用途、面积、使用单位及使用状况,通过系统实现快速查询和统计分析,促进办公用房管理标准化、规范化、精细化。

2. 公务出行"四个一"保障方式

公车改革后,各级各部门不再保留车辆,所有车辆由公车平台集中管理、统筹调度。能否落实公务用车保障,成为公车改革是否成功、成效是否明显的重要标志。根据改革的精神和实际需要,浙江省机关事务管理局积极探索"四个一"保障方式。具体内容包括:

一是实行公务保障一标准。坚持"公车公用、公务保障"原则,严格落实公车使用管理"六个不得、八个不准"负面清单。在各单位交通费用预算约束的前提下，明确省级机关机要应急用车使用和公务出行租车范围的十条口径，设立公车平台服务监督电话，制定了公务用车使用投诉举报事项处理办法，明确责任单位和处理流程，形成专人接听、分转办理、反馈回访的高效处理机置。制定了大型会议活动用车常态化、长效化机制。修订完善了保障方案、应急预案、服务规范、纪律要求和实战演练等五大类服务保障清单，推进服务标准化、规范化建设。丽水市积极搭建公务用车保障平台联动和新能源分时租赁"两张网"，解决山区县市公务下乡进村的"敞口"难题和域外公务的"出口"难题，助推干部下基层和走出去，实现了出行便捷，提高了出行效率。

二是组建省级中心一平台。建立省级机关公务用车管理平台，主要保障省级机关机要应急、基层调研等公务出行以及重要会议、重大活动、内外宾接待等用车保障，归并省级涉改单位公务用车265辆，实行"五统一"管理，即统一集中停放、统一公车登记、统一公车标识、统一派遣调度、统一经费核算。建成线上包含综合管理、预约用车、运营报表、财务结算、实时监控、调度指挥、车务中心、消息提醒八项功能的信息化管理调度系统，实现网上预约、网上调度、网上监控、网上管理。

三是共建省市县"一张网"。通过试点构建省、市、县公务出行一处登记、全程保障"一张网"，实行统一价格标准、统一派车流程、统一结算方式，打通省平台与试点市县平台用车渠道，公共交通与出差地租车服务无缝接驳，实现节约节支、方便出行、互利共赢。

四是做好统一核算一本账。公务出行经费实行预算管理，在平衡省、市、县各级公务用车保障模式、收费标准的基础上，统一收费标准和结算方式，建立价格标准动态调整机制，根据实际运行情况，及时评估和调整。各单位用车费用可查可控，通过平台、网站实时掌握用车里程、轨迹和结算等业务数据，使出行费用更加清晰明了。

公车改革以来，公车平台通过"四个一"保障方式，累计保障省级机关公务用车5500多批次，行驶总里程160多万公里，顺利保障了省级机关公务用车需求，实现了公务出行的安全、快速、便捷、高效。

（三）大力发展后勤经济，以经营保障机关服务

习近平同志在主政不同地方时期，对改革都有精彩的论述。他指出，实践发展永无止境，解放思想永无止境，改革开放也永无止境，停顿和倒退没有出路。我们要坚持改革开放正确方向，敢于啃硬骨头，敢于涉险滩，既勇于冲破思想观念的障碍，又勇于突破利益固化的藩篱。

2003年之前，浙江省机关事务管理局面临严峻的亏损问题，全局管理体制混乱，直属经营性单位产权不清；经营秩序混乱，入不敷出。更为严重的是，全局上下习惯于"大锅饭"的分配方式，职工收入水平下降，人才流失，资源浪费严重。习近平同志来到浙江任职以后，尤其是担任浙江省委书记之后，立刻下决心推动机关事务管理体制改革，启用新的局领导班子，探索新的管理体制和运营机制。

1. 用人制度改革

用人制度是浙江省机关事务管理局改革的切入点，也是成功的关键所在。当时新上任的浙江省机关事务管理局领导班子果断提出"经营单位不交票子交帽子；服务单位没有质量腾位子"的口号。通过富有激励性的用人制度和考核、激励机制，迅速调动起局属经营单位全体职工的积极性，各经营单位很快扭亏为盈，实现了国有资产保值、增值，并带动了其他各项工作的改革和创新。具体措施包括：

一是建立公开透明的分配激励机制。在产权制度不变的情况下，实行分配与业绩挂钩的机制；在分配上向有业绩、贡献大的优秀管理人才倾斜。同时，对员工的工资基数进行调整，减少固定部分，增加考核部分，适当拉开收入差距，使干部职工既有动力，又有压力。

二是建立"能者上、庸者下"和"效益面前论英雄，见本事用干部"的用人机制。在配备领导干部时,看主流,看实绩,看发展,把那些政治素质好、开拓进取、实绩突出、群众拥护的干部选拔到重要岗位上来。新机制使经营者和领导班子成员既有压力又有动力,广大干部职工的积极性得到激发。在这个机制激励下,全局所有经营单位全部实现盈利,经营者得到从几万到几十万元的奖励,职工的工资福利也有较大幅度的提高,实现了国家、经营者和职工的"三赢"局面。

2. 加强科学管理,实现扭亏为盈

科学管理是提高工作效率和经济效益的重要手段。当时的局领导班子带领全局干部职工,通过定战略、抓营销、控风险、强品牌、降成本,局属经营单位在一年内迅速扭亏为盈,经济效益快速增长,促进了国有资产的保值、增值。具体措施包括:

一是实行倒逼机制,提前谋划,制定目标。围绕做大做强,先后制定了"二次创业"、"865"规划和"1618"规划,前两个三年规划均超额完成。

二是建章立制,严格管理。先后建立健全了4大类、65个规章制度,基本涵盖浙江省机关事务管理局各方面工作;重大问题按规定提交局党组和局长办公会议集体讨论。用制度管人、管事,有章可循、照章办事,使制度发挥了应有的作用。

三是整顿经营秩序,清理债务,缩短战线,规避财务风险。浙江省机关事务管理局对局属52个子公司中经营不善、问题较多的企业进行全面清理,在省国资委等有关部门的支持下,依法依规进行挂牌转让、工商注销,经营环境得到改善,发展进入良性轨道。

四是加强资金调度和管理。通过转让一些不良项目、追讨巨额债务以及被垫资占用的投资款,浙江省机关事务管理局短期内回笼了大量资金用于还贷,化解了财务风险,降低了资产负债率,确保资金运作正常。加强局内部资金调度,积极推进投资融资体制改革,实行"内部银行"借贷制,既解决了需要投资发展单位的融资困难,又保证了拥有资金单位的投资收益，防止部分单位资金沉淀，提高了资金利用率、利润率。

五是遵循经济规律，培育新的经济增长点，增强可持续发展能力。大胆"逆向行驶"，产生"脱钩效应"。通过挂牌竞价的市场行为等方式，多年来浙江省机关事务管理局利用积累资金投资25亿多元，先后培育了13个新项目。跨行业接收浙江省轻纺设计院并运作良好，为局房地产和公建项目的长远发展提供了技术支撑。对之江、大华、新新三所饭店和莫干山管理局进行大规模改建和扩建，完善和升级饭店系统硬件设施，大大提高了接待能力和经济效益。

3. 围绕做大做强，加快转型升级

要想实现可持续发展，仅仅扭亏为盈是不够的，浙江省机关事务管理局从改革中取得初步的成绩之后，抓住转型升级的战略机遇，实施"市场化配置、规模化经营、集约化管理、多元化扩张"的"四化"发展之路，对外兼并整合，对内实施重组，优化资源配置，加快转型升级。具体措施包括：

一是对外兼并和有效整合资产，发挥协同效应，达到优势互补，如先后兼并了浙江省轻纺设计院等机构。

二是经营单位之间推进资产重组，促使优质资源向发展潜力大、速度增长快的经营单位聚集，加快发展阳光产业，逐步转型夕阳产业。如对康乐中心与物业管理中心实施了资产重组；钱江餐务中心兼并了省直物资供应中心；成立省直同人集团，培育龙头骨干企业。

三是在经营单位内部，推进业务流程再造，进行内部机构整合，增强营销等核心部门的力量，延伸产业链，提高发展质量。

四是对经营单位的产品和业务进行有效细分，着重发展市场占有率高和竞争力较强的产品，并要着眼未来，开发市场前景好和具有竞争力的产品，培育核心竞争力。

五是盘活优质资产，确保资产快速增值。优化资产管理，按照

"长短结合"的方式,对住宅开发项目实行快速销售,及时回笼资金,进行"滚动式"发展;长期持有一些优质项目,确保现金流的稳定。例如,先后筹集资金4.8亿元建成了冠盛大厦、同人广场等项目用于经营和租赁,每年都有几千万元的现金收入。又如,将灵隐路上亏损多年的车辆修理所迁出,在原址上建成九里松首席会馆,投入使用当年就实现利润300多万元。2011年大华饭店南楼改造后,面积不减反增,固定资产增值达7000多万元;物业管理中心庭院的改造,也使资产增值约1亿多元。

通过优化资产管理和加快转型升级,调整后勤经济结构,提高资源要素配置效率和效益,浙江省机关事务管理局实现了国有资产的大幅增值,"后勤经济"开始起飞,利润连续不断翻番,共实现利税27.9441亿元,其中利润19.8513亿元。

(四)注重顶层设计,创新运营机制

浙江省机关事务管理局发扬先行先试的精神,在全国率先起草形成了《浙江省推进新时代机关事务工作改革发展试点工作方案》,大刀阔斧进行改革,明确了一系列符合新形势、新要求的思路和举措。在体制不变的前提下,创新机关事务管理运营机制,推进服务保障模式转型,将省局的工作重点放到定政策、立制度、抓督查、严监管上来,综合选用新兴的管理手段和工作方式,各项工作取得长足发展。

1. 健全机关事务管理体制

浙江省机关事务管理局将健全管理体制、机制作为贯彻落实党中央和习近平总书记各项指示精神的重要抓手。健全管理体制的第一步就是明确机构职能和权责边界,省局由"浙江省省级机关事务管理局"更名为"浙江省机关事务管理局",增加了4个内设机构和相应的人员编制。省内各市县局也相应更名,部分之前尚未设置机关事务管理局的县、区也都挂牌成立,全省11个市和89个县(市、区)已全部成立机关事务管理局。为了更好地履行《机关事务管理条例》,全省各级机关事务管理局对机构职责进行了重新界定，调整工作职能、充实编制数量、增加内设机构、调整下属单位。

在理顺各级机关事务管理局与直属单位职权边界的基础上，推进对直属企事业单位的简政放权，深化运行机制改革。在经营方面，大力推进后勤经济转型升级，发挥资产管理职能与提升传统服务行业的叠加效应，建立以机关国有资产管理为龙头、多种经营为主干的产业链发展模式。

2. 创新后勤保障模式，推动机关服务社会化

根据"国办发〔1998〕147号文件"的精神，浙江省机关事务管理局及时提出深化省级机关后勤改革思路，通过机构改革，将物业管理、产权登记、经济适用房建设等事务性工作委托局属单位承担，区分机关和局属单位各自的职责分工。将机关事务服务和管理职能分开，制定"管"和"放"的项目清单，加大购买社会服务的力度，实现由"内部自我服务为主"向"主要由社会提供服务"转变，以满足多元化需求、提高服务效率。

推进服务保障模式转型，将工作重点放到定政策、立制度、抓督查、严监管上来，综合运用新兴的管理手段和工作方式。强调变"具体做事务"为"统筹管服务"，通过建立机关事务统一集中管理体制、加大购买社会服务、推进后勤经济发展等多项措施，促进机关事务管理工作的转型升级。

公务用车等后勤事务管理改革的整体推进，势必产生新的各类后勤服务要求。针对这一要求，浙江省机关事务管理局深化市场取向的服务保障模式，简单地说，就是"花钱办事不养人"，在市场上购买优质价廉的服务，不新增编制和机构。通过引进社会专业化服务公司，把该管的事管住、管好、管到位，把不该管的事交给市场和社会。如局行政处和省人民大会堂在保洁、绿化等方面引进社会化服务，既节约了成本，又确保环境整洁、秩序井然。

3. 理顺条块关系，加强系统行业建设

除了推行同级政府各部门机关事务管理的横向集中统一管理之外，浙江省机关事务管理局还积极贯彻《机关事务管理条例》赋予的"指导下级"职责，大大改善了以前各级机关事务管理部门上下脱节、互相闭塞、各自为政的状况。具体而言，一是健全行业联络交流机制。每年召开一次全省机关事务管理工作会议，每年举办全省机关事务管理系统领导干部培训班，建立省局领导班子成员联系市县局和直属单位制度。二是加强全系统工作谋划。制定了《关于"十三五"时期全省机关事务管理工作的指导意见》，提出了"十三五"规划期间机关事务管理工作的总要求和重点目标任务，指导和推动市县机关事务管理局对五年工作做出谋划和安排。三是强化工作考核。根据省政府的相关规定出台考核办法，每年对设区的市的机关事务管理工作进行考核，以考评示范引领、倒逼工作、推动发展。

4. 坚持问题导向，发挥改革试点作用

在改革的方法和步骤上，不急于求成、一步到位，坚持问题导向，围绕制约发展的重点、难点问题，推进机关事务管理体制和机制、方法和手段的创新。面对实际工作中的迫切问题，坚持示范典型引路，鼓励先行先试，以点带面，形成一批可复制、可推广、可示范的试点经验，推动改革试点工作取得实效。将改革试点工作与履行职责相结合，统筹兼顾，协调推进。发挥实干精神，按照改革创新的目标、路径，紧扣机关保障这一核心任务，实字为先、干字当头，确保机关事务管理工作取得实效。

（五）控制机关运行成本，建设绿色后勤、节能后勤

在习近平总书记生态文明思想的指引下，浙江省机关事务管理局力争将习近平总书记的指示落到实处，建设"节约型机关""绿色后勤""节能后勤"，强化成本观念，严格控制机关运行经费的支出规模，加强国有资产的规范管理和保值、增值；在全省范围内推行节约型机关建设，规范后勤服务和能源资源配置使用，推进节能改造和垃圾分类工作。

1. 控制机关运行成本，建设节约型机关

具体而言，落实党的十九大报告关于创建节约型机关的要求，强化成本观念，严格控制机关运行经费的支出规模，不断提高财政资金的投入产出比；突出保障重点，聚焦质量和效益，持续优化机关运行经费的支出结构。着力建立健全各类机关运行的实物定额和服务标准，协调配合有关部门根据机关运行的实物定额和服务标准，制定机关运行经费预算支出的定额标准和有关的开支标准。推进建立集中统一的机关运行成本核算和监控机制，协调配合有关部门深化政府收支分类科目改革，设立专门的机关运行经费功能分类科目和会计科目，完整、清晰、准确地核算和控制机关运行成本。改进和优化机关运行成本调查统计制度，进一步明晰统计口径，扩大统计范围，深化统计数据分析，加强统计成果应用，推动机关运行所需资金、资产、资源规范、高效的使用。探索推行机关事务管理工作绩效管理，合理设定指标体系，科学制定评价办法和标准，加大评价结果运用，不断压减财政开支、提高经费使用效率。推动各地区将机关事务管理工作纳入地方政府绩效管理考核指标体系，增强机关事务管理工作的约束性。

同时，坚决落实中央关于国有资产管理的各项任务要求，有效防止国有资产流失，提高国有资产的使用效益。聚焦关键环节，加强资产规范管理和调剂使用，强化处置平台监管。坚持问题导向，完善实物资产盘点制度、责任追究制度、配置计划制度。鼓励各地区、各部门建设国有资产管理云平台，建立横向到边、纵向到底的国有资产管理平台，实现资产管理可视化、管理过程数字化、信息共享机制化、助力决策科学化，切实提高资产管理水平。推进公务用车服务平台建设，共享车辆资源，统筹调度使用，推动维修、更新购置审批、处置拍卖统一网上办理，鼓励装载卫星定位系统以开展全过程、全方位监管。鼓励实行公物仓制度，探索搭建网络虚拟公物仓平台，推进资产共享共用，避免资产重复购置，规范临时活动购置资产监管，加强闲置资产盘活利用。

2. 推行省直办公区节能示范，建设绿色后勤

浙江省机关事务管理局认真落实习近平总书记生态文明理念和党的十九大报告中"加快生态文明体制改革，建设美丽中国"的要求，健全全省节能工作体系和标准，在省直办公区率先推行节能改造，在全省起到示范效应；宣传和引导干部职工使用绿色技术产品和低碳办公的生活方式，努力实现经济效益与政治效益、社会效益的统一。具体措施包括：

（1）健全全省公共机构节能工作体系，制定监督、评估、反馈等办法，大力推进合同能源管理、制度标准服务、节能技术创新、社会节能宣传，全省各地市和省直各单位积极推动节约型机关建设。研究制定规范机关后勤服务的政策制度，确定后勤服务项目和标准，制定购买服务示范合同。立足机关运行的基本需求，严格按照规定范围和标准提供后勤服务，杜绝超范围、超项目、超标准保障。加强购买后勤服务质量监管，综合运用满意度测评、绩效评估等方式加强考核，切实提高保障效能。

（2）对于省直物业中心直接管理的省直各单位集中办公区，率先实行节能措施以起到示范作用。在办公区进行节能改造，推广应用绿色技术产品；向广大干部职工充分宣传节能理念，倡导简约适度、绿色低碳的工作和生活方式，引领新能源汽车的消费和应用，推行能耗定额管理，加强重点用能单位管理。

在浙江省机关事务管理局打造"节约型机关"的实践中，最具代表性的当属省行政中心绿色节能冬季采暖改造项目。改造完成后，大大提高了整个采暖系统的科学性和节能效果。例如，省人大政协楼与省行政中心大院通过分开锅炉独立供暖，减少了长距离输送能耗损失，

采用高效真空热水炉直接供应采暖，取消全部换热设备及一次蒸汽输送管路，大大简化了供暖系统，不仅提高了系统稳定性，管理成本也得到了大幅降低。

3. 推广垃圾分类，走循环经济之路

习近平同志在浙江任职期间曾指出，浙江要走循环经济之路。浙江省一直在积极推动垃圾分类处理。2012年，《浙江省垃圾分类实施意见》出台，通过垃圾分类推动生活垃圾减量化、资源化、无害化。浙江省机关事务管理局作为省委省政府和省直各单位的办公用房管理机构，更是积极推行垃圾分类、建设绿色生活环境的先行者。除了在全省各地市和省直各单位积极推动垃圾分类工作之外，对于省直物业中心直接管理的省直各单位集中办公区和机关干部住宅小区更是先行先试，选取教工路小区作为试点，取得了良好成效。

为确保垃圾分类实施方案顺利实行，省直物业中心确定了3个阶段共18项工作。2017年4月1日开始，机关小区取消了楼层混装垃圾桶，新安装了分类垃圾桶、分类果壳箱及高压冲洗机，并将原垃圾中转站改造成"环保驿站"。同时，浙江省机关事务管理局与所在街道、杭州市环境集团积极沟通，专门配备1辆垃圾分类运输车，做到硬件设施全覆盖。

在宣传层面，除了张贴宣传海报、悬挂宣传横幅之外，还发放《垃圾分类知识手册》、冰箱贴和调查问卷，通过各种方式对试点小区进行宣传。2017年4月1日试点工作开始后，省直物业中心每天组织党员志愿者、团员青年志愿者定点引导机关干部进行垃圾分类投放，教工路小区垃圾分类氛围基本形成。2017年7月6日，在《浙江省垃圾分类实施意见》颁布、实施5周年之际，浙江省机关事务管理局又组织6个支部共60多名党员，把党支部主题日活动开到机关小区垃圾分类现场，进行现场观摩。当天晚上，通过《浙江新闻联播》进行专门报道，在全省营造垃圾分类、清洁卫生的良好氛围。

（六）建设智慧后勤，实现机关事务信息化、精细化

信息技术的进步为人类的生活带来了翻天覆地的变化，也极大地提高了人们的工作效率和管理效率。习近平总书记一直高度重视科技创新尤其是信息技术在国家治理中的作用。在主政浙江期间，他曾多次就省委省政府的办公信息化问题做出指示，要求充分利用信息技术手段，创新管理手段，提升管理效果。2013年，习近平总书记在第十八届中央政治局第九次集体学习活动上的讲话中提道："面向未来，可以说，新科技革命和产业变革将是最难掌控但必须面对的不确定性因素之一，抓住了就是机遇，抓不住就是挑战。新科技革命和产业变革将重塑全球经济结构，就像体育比赛换到了一个新场地，如果我们还留在原来的场地，那就跟不上趟了。我们必须增强忧患意识，敏锐把握世界科技创新发展趋势，紧紧抓住和用好新一轮科技革命和产业变革的机遇，不能等待、不能观望、不能懈怠。"

为了积极利用信息技术飞速发展的成果，以便更好地为浙江省的机关事务管理工作服务，浙江省机关事务管理局积极建设"互联网＋机关事务"信息化管理平台，完善公务用车指挥调度系统、房产信息管理系统、公共机构节能监测平台等业务信息子系统的建设和应用，推进业务网上办理，发挥数据的基础资源作用和创新引擎作用，整合办公资源，再造工作流程，取得了巨大成效，逐步实现了决策科学化、管理精准化、保障高效化。

1. 建设智慧后勤，优化公共服务

牢牢抓住公积金和政府采购这个最大窗口推进"最多跑一次"改革，最大限度便利干部职工办事。公积金业务已实现归集提取、贷款审批"跑一次"，加快信息共享、建设网上办事大厅，努力以"在线咨询、网上申请、快递送达"的办理方式实现零上门、不跑路。政府采购业务已与阿里巴巴集团共建"政采云"，创新网上超市、网上询价、"协议＋批量"、电子招投标等采购方式，努力打造融合互补的政府采

购新业态,实现全省采购统一平台、统一资源、统一模式,促进廉洁、高效、优质采购。

推动机关后勤资源互联共享,提升管理服务保障水平。建设"互联网+机关事务"统一信息化平台,推进系统互联互通,打破"信息孤岛""数据烟囱",打造数据共享大平台,以数据集中和共享推动技术融合、业务融合、数据融合,实现跨层级、跨部门、跨业务的协同管理和服务。省直住房公积金管理中心持续简化、优化公共服务流程,通过信息技术、信息共享建设住房公积金综合服务平台,让客户通过网上轻松、快捷、自助办理公积金业务。以群众需求为导向,推进改革。针对网点少、手续烦琐、证明材料多等原因形成办事不便利、速度不快捷的问题加以改进,大力推动信息化建设,开通网上业务,多开办事渠道,实现租房提取、退休提取网上办理,还贷提取可按月自动转账,公积金当天审批、组合贷款三天审批,开通APP、微信、短信服务,"12329热线"一次性接听率在90%以上,让群众少跑腿。

宁波市镇海区机关事务管理局坚持"互联网+后勤"工作思路,结合机关事务管理工作中的"难点"和"痛点",成功打造镇海区智慧后勤微信公众服务号,将餐饮预订、车辆通行预约、设备保修、通知公告、金点子园地、问卷调查六大服务功能融合进微信公众服务号,实现线上申请、线下办理的"OTO服务"模式,大大精简了服务流程,优化了服务质量。

2. 推进机关事务管理精细化

习近平总书记在《办公厅工作要做到"五个坚持"》一文中指出:"办公厅工作要坚持底线思维,保持如临深渊、如履薄冰的态度,尽可能把各种可能的情况想全想透,把各项措施制定得周详完善,确保安全、顺畅、可靠、稳固。要牢记'天下大事必作于细''慎易以避难,敬细以远大'的道理,无论办文办会办事,都要一丝不苟、严谨细致、精益求精,于细微之处见精神,在细节之间显水平。"

浙江省机关事务管理局以信息化为契机，借助"互联网＋机关事务"信息平台，推进机关事务保障模式创新，实现业务工作产品化、服务管理订单化、沟通反馈常态化和服务评价数据化，最终实现机关事务管理精细化、服务精准化，全面提升服务效果。具体措施包括：

一是优化工作流程。改变"粗放型、经验型"保障模式，按照"精、准、细、严"的要求和"复杂事情简单化、简单事情流程化、流程性事情定量化、定量性事情信息化"的思路，积极推进精细化管理，提高管理效率，提升保障质量。

二是任务分解到人。将机关事务管理工作目标分解为能落地、可推进、易评估的任务，画出路线图、排出进度表，做到任务落实到人、责任落实到人。弘扬"工匠精神"，推动形成求精求准、求细求实的工作作风及极端负责、一丝不苟的工作态度，切实树立起精细化保障理念。

三是突出过程控制。按照精确规范、简捷高效、易于操作的原则，细化机关运行经费、国有资产、公务用车、办公用房、公务接待、后勤服务、政府采购管理及公共机构节能等业务的办事程序和工作流程，明确各个环节的工作规范和工作要求，不断建立健全精细化运行体系。

（七）完善法治保障，推进机关事务管理规范化、标准化

法治是现代政治文明的重要成果，也是当前国家治理现代化的必然要求。随着我国社会经济的不断发展，推进依法治国已经成为不可避免的历史潮流。2004年，习近平同志在浙江全省加强机关效能建设大会上详细论述了加强机关效能建设的意义和举措，明确机关效能建设工作要常抓不懈。习近平同志立足建设"法治浙江"的宏伟目标，高度重视制度建设在党和国家事业中的重要作用。

在习近平同志的力推下，浙江省于2003年率先在全国提出了区域性的法治建设计划，并于2006年正式通过了《关于建设"法治浙江"的决定》，系统性地对"法治浙江"进程做出部署。这期间习近平同志

围绕党的先进性建设、司法公正和民众参与等视角阐述了"法治浙江"建设在推进党风廉政建设中的重大意义。推进"法治浙江"建设能够强化各级党组织的作风建设，是推进党的先进性建设的根本要求。2005年，党中央提出了加强党的先进性建设的重大任务，并将其视为党的建设新的伟大工程战略总布局的核心内容之一。浙江省各级党政机关在习近平同志的带领下，以推进"法治浙江"建设为渠道做出决策部署。习近平同志认为，努力建设"法治浙江"是"加强党的执政能力建设和先进性建设的根本保证"，也是"改革和完善党的执政方式，提高党的执政能力的必然要求"。

为了更好地贯彻落实习近平总书记"全面推进依法治国"和建设"法治浙江"的战略举措，浙江省机关事务管理局牢牢抓住法治这个根本要求，贯彻落实《机关事务管理条例》，结合浙江省实际，完善配套法律、法规制度；加强制度建设和标准化建设，强化法治思维，深化法治治理。另外，还在全局上下建立了定期学法制度，定期举办业务法规培训班，使干部职工及时学习新颁布的党纪法规，熟悉相关业务的法律、法规。坚持机关事务管理重大决策风险评估、专家论证、责任追究等制度，严格落实合法性审查机制；完善政务公开办法、制定负面清单，坚持重大事项全程留痕。

1. 完善配套法律、法规制度

一是完善配套地方立法。《机关事务管理条例》施行后，浙江省制定出台了《浙江省人民政府关于贯彻实施〈机关事务管理条例〉的意见》。浙江省机关事务管理局会同有关部门，多措并举，狠抓落实，积极推动《机关事务管理条例》在浙江落地生根。2015年，浙江省人民政府制定了《浙江省机关事务管理办法》。2016年，杭州市人民政府和宁波市人民政府分别出台了配套规章《杭州市机关事务管理办法》和《宁波市机关事务管理办法》。通过制定配套规章，细化了上位法的规定，固化了实践中一些成熟的做法，以此为契机厘清了部分事权边界，进一步完善了统一集中管理体制。

二是完善配套制度规定。浙江省委办公厅和省政府办公厅制定了《浙江省党政机关停止新建楼堂馆所和清理办公用房实施办法》《浙江省党政机关国内公务接待管理办法》《浙江省省直机关会议活动管理规定（试行）》，联合印发了《省级机关事业单位办公用房统一管理工作实施意见》和《省级机关事业单位经营用房统一管理工作实施意见》。浙江省财政厅制定了《省级行政单位通用办公设备家具配置标准》，围绕会议、培训、差旅、因公出国等方面制定了相应的经费管理规定。浙江省机关事务管理局先后制定了《浙江省省级机关事业单位办公用房管理办法》《浙江省行政中心办公用房集中统一管理实施办法》《浙江省机关事务管理局关于向社会力量购买机关后勤服务的意见》《浙江省全省性行业协会商会脱钩改革行政办公用房管理办法（试行）》《浙江省党政机关办公用房维修改造、租赁项目管理暂行办法》《浙江省机关事务管理局直属单位国有资产管理暂行办法》《浙江省机关事务管理局房屋、土地使用管理暂行规定》等文件，基本实现了各项工作有据可依、按章办事。

2. 依法规范业务工作

有了相对完整配套的法律、法规之后，浙江省机关事务管理局坚持将法律、法规落到实处，依法履职，严格依法管理、依法服务、依法保障、依法经营。具体措施包括：

一是完善依法决策程序。坚持重大决策集体讨论，重大基本建设项目、重大经营项目等重大事项均经过局领导班子集体研究决定，建立了重大决策合法性审查机制和重大合同审查备案制度。

二是规范购买服务行为。建立了政府购买机关后勤服务制度，明确了购买机关后勤服务的项目范围和标准要求，鼓励社会力量参与机关后勤服务市场，推进后勤服务社会化。

三是探索后勤服务标准化。在嘉兴市机关事务管理系统开展了标准化工作试点，开展机关事务管理标准体系研究，启动了餐饮服务、办公区域保洁和绿化等领域服务标准的制定工作。

四是规范国有资产管理。建立外派监事会制度，成立酒店和房地产行业两个外派监事会，健全法人治理结构，强化财务监督。建立内部审计制度，对涉及公共资金、国有资产、国有资源和领导干部履行经济责任情况实行审计全覆盖。

五是规范节能管理工作。健全全省公共机构节能工作体系，制定了监督、评估、反馈等办法。大力推进合同能源管理、制度标准服务、节能技术创新、社会节能宣传，大部分省级机关建成节水型单位，公共机构人均综合能耗等指标不断下降，机关办公区和机关干部住宅小区的垃圾分类工作也顺利推进。

3. 深入推进机关事务标准化建设

浙江省机关事务管理局持续实施标准化战略，分项制定、出台机关事务管理工作各类标准，形成职能建设有标可循、管理效能有标可量、服务保障有标可依的工作格局，以充分发挥标准在机关运行保障中的主导、调节、约束和控制功能，提升机关服务保障的供给质量。具体措施包括：

一是在制定、出台各种标准和标准体系之前，首先梳理机关事务各业务领域标准现状和需求，构建协调配套、注重实效、重点突出、结构优化的机关事务标准化体系，避免不同标准之间相互冲突。

二是抓好顶层设计。浙江省机关事务管理局制定了《机关事务标准化发展规划（2018—2020年）》，对浙江省标准化建设的目标、原则、主要任务、实施步骤和时间节点做出了明确规划；与国家标准委联合印发了《关于加快推进机关事务标准化工作的意见》，建立健全机关事务标准化工作机制；制定《机关事务标准化工作管理办法》，规范标准的制定、实施、监督管理等。

三是浙江省机关事务管理局鼓励省内地方机关事务管理部门大胆

探索，在机关办公用房、公务用车、会议保障、物业管理等方面逐步形成服务工作标准体系，推动实现按标准搞服务、照标准抓落实、依标准评绩效。根据事务分类、安全分级、服务分段相结合的原则，梳理机关事务社会化服务清单，细化操作办法，严格绩效管理。

（八）加强队伍建设，改革用人机制

《习近平同志在正定》一文中报道，习近平同志在正定任职时，要求基层领导班子在工作作风上要适应新时代的要求，要有一个大的转变。不能仅仅是一个"老黄牛"，也不能只是一个"空谈家"，而要把远大目标和务实工作结合起来。既有"老黄牛"的品格，又有"千里马"的气势；既是一个有胆有识的战略家，又是一个脚踏实地的实干家。

现代社会的一切竞争说到底都可以归结为人才的竞争，人才素质水平的高低，决定机关事务管理事业发展的好坏。什么是人才？对于机关事务管理工作来说，简而言之，在政治素质好的前提下，从事经营能赚钱的就是人才，能赚大钱的就是高级人才；从事保障服务、有服务质量的就是人才，有高质量服务的就是高级人才。

浙江省机关事务管理局牢牢抓住机关运行服务保障这个核心职责，坚持正确的用人导向，旗帜鲜明地大胆使用那些讲政治、干事业、讲效率的干部，建设了一支政治素质高、业务能力好、敢打敢拼的干部队伍。同时，传承机关事务管理的优良传统，大力弘扬精益求精的"工匠精神"，鼓励和培育不求个人表现、低头踏实奉献的专业人才队伍。在用人机制上，建立"能者上、庸者下"和"效益面前论英雄，见本事用干部"的以业绩为导向的用人机制，努力营造让优秀的人才脱颖而出的良好环境和氛围。在人才管理方面，以业绩考核为准绳，以分配机制为激励，强化业绩导向，调动员工积极性。

1. 加强队伍建设，弘扬"工匠精神"

积极争取政策拓宽干部进出通道，完善培养锻炼、监督管理、容错纠错和考核评价机制。结合岗位特点，对机关干部、经营管理人员、服务人员分类做出针对性安排，提升干部职工的专业思维、职业素养、工作技能，使服务保障管理默默无声却无处不在、习以为常却不可或缺。大力弘扬精益求精的"工匠精神"，传承机关事务管理的优良传统，高度重视评先创优、典型引路，用好各种阵地和载体，让专业成为机关事务管理部门的形象名片，让追求卓越成为全局干部职工的职业情怀。具体措施包括：

一是加强各级领导班子建设。在配备领导班子时，以提高领导班子整体凝聚力、战斗力，努力干事业为根本要求，看主流，看实绩，看发展，把那些政治素质好、开拓进取、实绩突出、群众拥护的干部选拔到重要岗位上来，建设了一支政治素质高、业务能力好、敢打敢拼的干部队伍，从组织和人才上保证了一系列改革发展的顺利进行。

二是打造专业队伍，提升战斗力。加大力度建设"三型干部"队伍。按"狮子型""老黄牛型""专业型"干部队伍研究制定具有针对性的工作措施，结合机关事务实际，建设敢闯敢干、攻坚克难的"狮子型"干部队伍，扎根一线、埋头苦干的"老黄牛型"干部队伍，术业有专攻的"专业型"干部队伍。围绕机关事务改革创新发展的中心任务，举办全省机关事务管理系统干部培训班，提升干部职工专业素养和技能。传承机关事务管理的优良传统，积极开展岗位练兵、技能比武和先进典型评选宣传，创新开展"五微"（微党课、微载体、微竞赛、微行动、微典型）等系列活动，大力弘扬"工匠精神"。

2. 创新用人机制

机关事务管理系统存在积弊，重要原因在于分配制度、用人制度改革不到位。为了解放思想，激发创业活力，2004年开始，浙江省机关事务管理局以"岗位靠竞争，管理凭才能，收入看贡献"的用人、分配机制为核心，出台了《局属单位经营目标责任制和考核办法》；通过经济目标责任制考核和人才强局战略，实行业绩与分配和晋升挂钩，充分调动了干部职工的工作积极性、创造性，增强了发展动力和活力，使经营单位的经济效益大幅度上升，从制度机制上保证了国有资产快速增值。

在具体做法上，秉持"效益面前论英雄，见本事用干部"的原则，积极倡导"给想干事的人机会，给能干事的人舞台，给干成事的人激励，让不能干事的人下台"的用人理念，鼓励干事的，批评混日子的，处理捣蛋的。一个单位的工作搞不好就调整"一把手"，工作搞得好但副职与正职闹矛盾，就调整副职。例如，浙江省机关事务管理局下属某饭店连续亏损 7 年，2004 年 4 月，局领导下决心调整饭店领导班子，免去了饭店"一把手"的职务，提拔了一位优秀干部，当年就扭亏转盈，实现利润 480 多万元。又如，某直属单位两个副职与正职闹矛盾，导致领导班子不团结，于是浙江省机关事务管理局对副职采取组织措施，就地免职一位，调整交流一位，教育一大片，促进了各单位领导班子的团结协调，实现了由乱到治，工作大有起色。

3. 强化目标管理，以绩效考核促进良性竞争

浙江省机关事务管理局根据浙江省政府的有关规定，制定出台绩效考核办法，每年对直属单位、机关处室和全省设区市的机关事务管理工作进行考核，以考评示范引领工作，推动机关事务管理工作顺利开展。

对于直属经营性单位，浙江省机关事务管理局实行经济目标责任制考核，强化目标管理，改变过去部分局属经营单位空谈政治多、论经济效益少的状况。建立有偿服务的结算机制和优胜劣汰的竞争机制，增强成本和节约意识，进一步完善后勤服务的评价考核体系，加强定性和定量考核，促进有序竞争，形成富有效率、充满活力、保障有力的服务保障体系，不断提高后勤保障能力，保证了省级机关的高效运转。

对于浙江省机关事务管理局机关处室和局属服务单位，也实行目

标责任制考核，制定出台《局机关处室年度工作目标责任制考核办法》和《关于局直属服务单位年度工作目标责任制考评办法》，将单位职责和年度工作目标细化、量化，建立年度工作目标责任制度，每年年终对照年初制定的年度目标和工作计划进行考核、打分，有力促进了机关工作和服务水平的提高。

然而，考核不是最终目的，而是提高工作效能和效率的有效手段。浙江省机关事务管理局将作风建设简要概括为四句话："今天布置的事情今天做，好干部；今天布置的事情明天做，比较好的干部；今天布置的事情过了两天做，一般干部；今天布置的事情，拖着不办，需要调整的干部。"这一要求通俗易懂，促进了工作效率的提高，进而形成学先进、讲效率、比业绩、比贡献的正确导向，使搞形式主义的人没有市场。经营单位千方百计挖潜增效，服务单位想方设法提高服务质量，形成大家想干事、肯干事、干成事的良好氛围。

4. 搞活分配机制，调动职工积极性

分配机制改革是激活经营单位的关键。2003年启动后勤经济改革以来，浙江省机关事务管理局就一直坚持以业绩为导向的分配和用人机制。建立"个人得小利，国家得大利"公开透明的分配激励机制，使国家、经营者及广大职工三者都得到实惠。紧紧抓住这个"牛鼻子"，充分调动干部职工的积极性，并以此为突破口，推进其他方面的改革。

2004年，浙江省机关事务管理局制定完善了《关于局直属有关单位实施经营责任制考核办法》，将局属经营单位的业绩与分配挂钩，拉开差距，上不封顶，下不保底，改变了以往"干多干少一个样、干好干坏一个样"的状况，调动了干部职工的积极性。在产权制度不变的情况下，实行分配与业绩挂钩的机制；在分配上向有业绩、贡献大的优秀管理人才倾斜，对贡献较大的经营者，在经济上予以重奖，在政治上加大鼓励。同时，对员工的工资基数进行调整，减少固定部分，增加考核部分，适当拉开收入差距。局属单位也大胆进行分配机制改革，坚持分配向一线员工倾斜，向有才能、业绩突出的人才倾斜。

以上改革举措打破了旧体制、机制，解放了生产力，使干部职工既有动力又有压力，形成不想亏、不愿亏、不敢亏的机制，极大地激发了干事创业的热情，使经济效益大幅上升，服务质量大幅提高。

三、"浙江模式"评析

当前，我国经济社会发展已经进入"新常态"，各项事业稳步向前推进，改革和发展都进入更深层次阶段。在新时代背景下，如何紧扣国家治理体系和治理能力现代化的新要求，推进机关事务管理改革创新，是新时代各级机关事务管理部门的重要考题。2002年以来，面对新时代社会主义建设事业对机关事务管理提出的新标准、新要求，浙江省机关事务管理局主动改革，由被动"倒逼"转向主动选择，从"适应性"改革向"预见性"改革转变，以实现"腾笼换鸟"，走出了一条"浴火重生"的自我革命、自我提升之路，探索出一条成功的"浙江模式"，为我国各级机关事务管理部门提供了很好的经验借鉴。具体经验包括：

第一，坚持"一个标准"。坚持以人民为中心的发展思想，把机关事务管理工作提高到"国家治理体系和治理能力现代化"的高度，以做好干部职工的服务、保障机关正常运转作为最大担当、最重要标准，认真履行部门职责，强化服务理念，提升服务水平，不断增强广大干部职工的获得感。

第二，深化"两项改革"。朝着集中统一管理方向深化体制、机制改革，推动管理更科学、更集约、更高效；推进后勤服务社会化改革，把市场能够提供的交给市场，把该管的切实管住、管好，保质量、提水平、降成本、增效益。

第三，用好"三个手段"。用好法治化手段，强化法治思维，深化法治治理，推进机关事务管理工作落实有依据，制度执行有约束；用好标准化手段，结合实际明确机关事务标准化的重点，分类、分层、分级完善标准，实现资源的配置使用更均衡、公平、节俭；用好信息化手段，运用"互联网＋"、大数据应用改造传统管理模式，加强共享关联，打破"信息孤岛"，推动机关事务管理工作更加精准、便捷、高效。

　　第四，推进"四个建设"。推进机构职能建设，健全职能完善、横向协同、上下衔接的机关事务管理部门；推进人才队伍建设，建设稳定高效、廉洁奉公、专业精细、尽忠职守的干部职工队伍；推进党风廉政建设，加强重点领域、关键环节的监督检查，做到干净做事；推进理论文化建设，加强机关事务管理理论研究，传承机关事务管理的优良传统，为事业发展凝聚正能量。

　　浙江是"红船精神"的发源地，是习近平治国理政新思想、新理念的萌芽地，是习近平新时代中国特色社会主义思想的初步实践。浙江省机关事务管理局大力弘扬"红船精神"，认真贯彻落实习近平新时代中国特色社会主义思想以及对机关事务管理工作的相关指示、批示，认真践行习近平总书记"以人民为中心"的发展理念，大力弘扬改革、探索精神，开创了我国机关事务管理的新局面，这就是"浙江模式"最大的启示和最宝贵的精神内核。

　　毋庸讳言，我国机关事务管理还面临着更多的挑战，主要包括：在严格落实中央"八项规定"的精神下，既要做好高效的服务保障，又要厉行节约反对浪费；标准化建设未成体系、层级不高、约束性不强；集中统一管理的工作机制有待健全，机关事务管理部门与发改委、财政等部门有关事权需更明确、权责划分需更清晰；机构职能缺乏法律保证，尤其是市、县级机关事务管理部门在政策制定、资源配置、管理实施、服务组织和绩效考核中的职能作用尚有缺位；干部队伍职业化、专业化建设刚刚起步；等等。未来的机关事务管理还将面临更高的要求、更大的挑战，发展道路上也可能会遇到更深层次的矛盾和阻碍，只要我们紧密团结在以习近平同志为核心的党中央周围，认真学习贯彻习近平新时代社会主义思想，锐意进取，改革创新，全国机关事务管理工作一定会取得更大的成绩，在国家治理体系现代化中发挥更加重要的作用。

附录二 《机关事务工作"十三五"规划》中期评估报告

委托方：国家机关事务管理局
评估方：中国社会科学院社会发展战略研究院

评估人员名单

	姓 名	职 称
项目负责人	张 翼	研究员
报告编制组成员	陈松林	教授
	余少祥	副研究员
	孙兆阳	副研究员
	江玉荣	副教授
	马 峰	助理研究员
	戈艳霞	助理研究员
	王 磊	助理研究员
	刘海霞	助理研究员
	诸 悦	博士
执笔人	余少祥	副研究员
报告审核人	刘白驹	研究员

一、评估说明与方法

受国家机关事务管理局委托，我院组织课题组对全国《机关事务工作"十三五"规划》（以下简称《规划》）实施情况进行评估。本次评估主要是以 31 个省、自治区、直辖市的自评估报告为摹本，结合实地调研和专家评定，以评估指标对比分析评价为主，最终得出评估结论。为保证评估质量，课题组采取专家评估和专家审核相结合的方式，同时严格遵循评估程序：(1)接受委托资料，进行资料统计、存档备案。(2)开展实地调研。课题组先后到浙江省、宁夏回族自治区等地进行专题调研，了解相关情况。(3)组织评估。课题组以专题会议的方式对收集的资料和各地提供的评估报告进行初评，了解和掌握全国的基本情况。(4)在充分讨论的基础上，汇总课题组成员的意见，形成初步评估结论。(5)撰写评估报告。由余少祥副研究员执笔，将评估结论整理成文稿。(6)开展二次评估。课题组对"评估报告"文稿进行讨论，实行二次评估，形成最终评估意见。(7)报告审核。对评估报告进行修改后，提交相关专家审核，确立定稿。

二、《规划》实施情况

(一)采取的主要措施

《规划》自2016年7月颁行以后，各省、自治区、直辖市机关事务管理部门采取多种形式，努力贯彻落实《规划》的基本要求，推进《规划》在当地落地生根。具体措施包括：

(1)加强学习宣传培训，营造学习贯彻《规划》的氛围。具体是要求各地、市、县机关事务管理部门准确把握《规划》的主要内容和核心要义，增强抓好落实《规划》的自觉性和责任感。

(2)制定印发配套规划。从实际出发，制定本地实施《规划》的相关指导意见，或编制本地"十三五"规划，为推进各地落实《规划》提供指导。

(3)建立片区联席制度。通过创新指导工作的组织形式，改善机关事务管理系统指导工作机制，强化指导交流，提升贯彻落实《规划》的精准性。

(4)跟踪落实《规划》进度，有意识地查找薄弱环节和问题，及时拿出有效对策和办法，把握今后努力的方向。

(5)将《规划》的任务指标作为编制年度工作计划的重要依据,将各地机关事务管理部门落实《规划》的情况纳入年度考核,建立《规划》实施情况评估机制,在每年年终进行总结通报,力求将《规划》的要求落到实处。

(二)总体要求落实情况

在指导思想上,各省、自治区、直辖市贯彻落实党的十九大精神,高举习近平新时代中国特色社会主义思想的伟大旗帜,切实把机关事务管理系统的思想认识统一到党的十九大精神上来,把力量凝聚到落实《规划》和机关事务改革发展的各项工作上来,不断开创机关事务改革发展新局面。

从发展理念来看,《规划》提出的"五大理念"都在不同程度上得到落实:坚持创新理念,不断增强机关事务管理工作的发展动力;坚持协调发展,注重理顺管理、保障、服务的关系,协调好事务与政务的关系;坚持绿色发展,推动机关事务管理工作持续健康的发展;坚持开放,推动机关事务管理工作升级发展;坚持共享,提升机关运行服务保障效能。

《规划》提出的主要任务目前已经基本完成,主要体现在:重点改革稳步推进,成本控制体系更加完善,服务保障更加有力,法律、法规体系更加健全,人才队伍建设更有成效。

(三)重点任务落实情况

1. 严控运行经费

《规划》要求建立机关运行成本统计制度,完善统计指标体系,组织开展机关运行成本数据采集、统计和分析。对此,各省、自治区、直辖市初步建立了机关运行成本统计制度,严控成本支出,取得了一定成效。这主要体现在以下方面:

(1)"三公"经费支出大幅度下降。以广东省为例,与2015年相比,2017年因公出国(境)费、公务用车购置及运行维护费、公务接待费分别减少6.63%、40.9%、38.42%。

（2）各类会议费支出明显下降。以海南省为例，2016年会议费支出2067.79万元，比上一年减少1168.61万元，下降36%。

（3）政府性楼堂馆所项目及办公用房建设、购置等得到了严格控制。不仅如此，一些地方还腾退了相当数量的办公用房。例如，广西壮族自治区共清理腾退办公用房使用面积39.83万平方米（建筑面积61.63万平方米），吉林省清理了106.21万平方米的违规超标用房。

（4）公共机构人均综合能耗、单位建筑面积能耗和人均用水量有一定程度下降。以重庆市为例，2017年全市公共机构综合能耗比2016年下降3.2%，单位建筑面积能耗同比下降2.6%，人均水耗同比下降3.5%。与此同时，后勤服务社会化有了明显的改善，在提升服务质量的同时降低了机关运行成本。

2. 资产全流程管理

各省、自治区、直辖市按照"统筹规划、科学配置、高效利用、规范处置、动态监管"的工作思路，着力推进全链条、全周期、精准化资产管理。

从总体上看，大部分地方实现了资产房产实时监管和日常业务在线报审，逐步实现资产房产信息化、精准化、动态化管理。主要成效包括：

（1）建立资产管理信息化平台。通过建立办公用房管理系统、公务用车"一张网"系统等，大部分地区实现了对资产分布、使用情况的实时动态监管，杜绝了失管现象，实现了资产管理由粗放型向精细化的根本转变。

（2）实现资产日常管理规范化。这主要是做好资产清查盘点、统计报告工作，以财政部资产信息系统统一规范接口为基础，建立资产年度报表数据库，规范资产配置、使用和处置管理。

（3）大部分地方实现了经营性资产脱钩和集中运营。目前，大部分机关事务管理部门完成了经营性资产脱钩工作，资产招租也都进入产权交易机构公开交易，改变了过去经营性资产长期配置不均、管理不善、效益低下以及影响履行公共管理职责等问题，促进了党风廉政建设。

（4）部分地方开始试行资产绩效管理考评和专项审计。一些地方开始制定国有资产管理绩效考评指标体系，将考评结果作为省直机关绩效考评、资产配置预算安排和审计监督的参考依据。

3. 办公用房管理

根据《规划》要求，各地深入推进办公用房集中统一管理工作，发布了一系列规范性文件，在办公用房统一管理和清理等工作上取得较大成效。主要成效包括：

（1）绝大多数省、自治区、直辖市都停止了各类办公用房建设项目审核。同时，大力开展办公用房清理工作，违规建设办公用房、超标准配置办公用房、领导干部超标准办公室及违规多占办公室等问题得到全面整治。

（2）办公用房集中统一管理格局初步形成。具体表现为对办公用房实行统一管理调配、统一权属登记、统一产权界定、统一调处产权纠纷、统一维修改造，努力推进办公用房规范管理。

（3）办公用房保障能力进一步提高。一是加强党政机关办公用房调剂使用。以河南省为例，在省直办公用房调配管理方面，通过深入现场勘查、规范操作程序、盯办工作进展、制定标准化模板、建立台账等多种措施，完成一系列办公用房调配事项。二是规范办公用房维修工程项目管理。如天津市对维修项目统一进行第三方评审，并依据评审结果与施工方签订维保合同，在申请、立项、招投标、资金来源、预审、结算等环节实行归档管理，做到规范维修、服务到位、保障有力。

（4）部分地方完成了行业协会、商会和培训疗养机构办公用房的清理工作。在行业协会、商会脱钩改革中,一些省、自治区、直辖市出台相关政策,规范行业协会、商会办公用房使用管理,以维护国有资产安全、完整。同时,对党政机关、事业单位直属的培训疗养机构,通过调查统计,对机构人员、资金资产、土地房产、财务状况、业务情况等进行统一规范。

(四)公共机构节能

根据《规划》和国家节能减排及生态文明建设的新形势、新任务,各地普遍制定了公共机构节能工作专项规划,加强统筹谋划和组织领导,并将规划目标逐级分解落实到年度计划中,以加强指导协调和监督管理力度。具体措施包括:

(1)开展绿色行动情况。一是推进绿色办公。大部分地方都能严格执行节能环保产品强制采购制度,积极推广使用高效节能产品,有的地方还推广使用部分环保再生纸、再生鼓粉盒等资源再生产品,营造绿色办公环境。二是倡导绿色出行。很多地方开始注重推广使用公共交通工具和公务自行车,鼓励和推广新能源汽车的消费和应用,引进社会资本参与充电桩建设,提供新能源汽车应用服务。三是绿色回收进机关。如组织协调各公共机构与有资质的企业签订回收协议,通过"互联网+绿色回收"模式,在回收体系建设和回收工作方面取得了明显进展。四是倡导绿色消费。如反对过度消费,提倡"光盘"行动,使干部职工逐渐养成勤俭节约、绿色低碳的消费方式。

(2)实施节能工程情况。一是与住房和城乡建设、水利等部门合作,梳理一批节能、节水改造项目,推进既有建筑节能改造。二是扩大新能源、可再生能源推广应用。如江西省推广太阳能热水项目近2000个,集热面积达400余万平方米。三是开展重点用能设施设备节能改造和节能新技术运用。例如,以数据中心、空调、电梯、照明、用水器具等为重点,开展节能改造。四是引导社会资金和专业机构参与公共机构节能,拓展节能工作手段和方式。目前,全国各地公共机构节能发展势头良好,《规划》目标正在逐步落实中。

(五) 公务用车改革

各省、自治区、直辖市公务用车制度改革均已完成,新的公务出行保障体系基本建立。公务用车改革大大降低了公务出行成本,如浙江省单车运行成本比公务用车改革前下降12.5%,杭州市到省内其他地区的出行成本降幅达60%以上。具体措施包括:

(1) 改革后车辆处置。改革后的车辆一般是采取拍卖和报废形式处置,有的地方如河北省将部分车辆在经过评估作价后,作为实物资产注入省旅游投资集团有限公司,组建河北政安汽车服务有限公司,为机关公务用车提供服务。

(2) 打造公务用车信息化管理平台。将予以保留的公务用车信息全部纳入平台管理,将"互联网+"技术运用于公务出行保障,实行透明管车、便捷派车、异地派车、异地还车,大力保障公务出行。有的地方还对保留的公务用车实行专段号牌管理,或喷涂标识和监督电话,加大监管力度。

(3) 规范公务用车管理。有的地方如福建省、海南省根据中央公务用车改革政策文件和《规划》精神,拟定了本省的公务用车管理办法,使公务用车长效管理机制逐步完善,车辆管理进一步规范透明,实现了管理制度化、规范化。

(4) 国产自主品牌和新能源汽车得到大力推广。据课题组调查,很多省级领导用车都已更新为国产红旗牌轿车,省直机关的机要通信车辆、应急保障车辆、实物保障车辆、老干部服务保障车辆的配备也基本上是国产品牌车,其中新能源和国产品牌车辆占50%以上。

(六) 后勤服务社会化改革

根据《规划》要求,各地不断探索开放后勤服务市场,积极采用政府购买服务方式,引进社会力量,加大政府向社会力量购买服务,转变服务供给模式,完善服务标准,使机关事务服务水平和管理效能

得到明显提高。具体措施包括:

(1) 推进后勤服务社会化改革进度。后勤服务社会化改革的主要方向是以加快后勤服务社会化为主线,推进后勤保障由内部自我服务为主向由社会力量提供服务为主转变,实现管办分离;推动经营类后勤事业单位转企改制并有序脱钩,实现事企分开。

(2) 确定后勤服务社会化改革的重点领域。主要是围绕公建项目管理、办公区运行保障、生活服务等职能板块,打破自办自管为主的传统机制,引入市场化的竞争机制。如广西壮族自治区对自治区本级和14个设区市本级的集中办公区在绿化保洁、安全保卫、会务服务、机关餐饮、物业管理等方面全部实现服务外包。南宁市机关事务管理局所辖3个办公区和12个宿舍区90%以上的服务工作委托给社会专业服务公司负责,其公共资源交易平台、南宁市政务服务中心也都是委托物业公司负责后勤保障和服务工作。

(3) 规范向市场购买服务。很多地方制定了机关向社会力量购买后勤服务实施办法和采购合同参考文本,统一规范购买后勤服务的内容、标准、方式和程序等,指导和监督下级机关事务管理部门、统计部门,按照规范化的流程购买服务、优化服务、监管服务,并开展绩效评价。

(七) 公务接待管理

根据《规划》要求,各地结合贯彻落实中央"八项规定"精神和《党政机关国内公务接待管理规定》,简化接待礼仪,严格执行接待公函、任务审批单、接待任务单、接待清单"四单合一"制度,按标准安排食宿,减少陪同人员,实行定点接待,取得了很大成效。具体措施包括:

(1) 公务接待的规章制度进一步完善。各地均出台了公务接待管理的相关配套制度。如贵州省还收集汇总党中央、国务院有关公务接待的各项规章制度,制作成《省接待办公务接待有关制度汇编》电子光盘,组织全体接待人员深入学习,形成严格按章办事、规范公务接待管理的工作格局。

(2)落实公务接待审批和清单等制度。实行严格的经费管理和审核报销制度,切实体现靠制度管人、按制度办事、用制度约权。如新疆维吾尔自治区适应维稳形势要求,除了严格实行"四单合一"制度,做好重点活动的服务保障,还将新疆迎宾馆调整为财政全额补贴的最主要的政务活动保障宾馆,将昆仑宾馆调整为财政定额补贴的政务会议宾馆,因地制宜发挥两者的协同互补作用,形成了分类服务保障的格局。

(3)严格执行公务接待标准。各地结合实际情况,参照中央及上级单位做法,分类、分级别制定了公务接待和工作餐开支标准。如六盘水市规定,以市委市政府名义接待的工作餐,人均标准不超过100元;因招商引资、涉外活动或重要接待等需要,经请示批准同意后可适当提高接待标准,但人均标准不超过150元。

(八)加快法治建设

《规划》实施以来,机关事务管理工作的外部环境和内在职能都发生了很大变化,推进机关事务法治化、规范化建设,已成为机关事务改革发展的大势所趋。具体措施包括:

(1)机关事务管理法律、法规体系更加健全。目前,各地都因地制宜地制定了本地机关事务管理办法,明确机关事务管理的职能范围,努力提升机关事务法治化水平。如山东省制定了《山东省机关事务管理办法》《山东省党政机关办公用房管理办法》《山东省党政机关公务用车管理办法》等,不断完善机关事务管理工作的法治体系。其中,济宁、德州、聊城等城市也出台了本市机关事务管理办法,"四梁八柱"式机关事务法律、法规体系更加完善。山东省机关事务管理局以及莱芜、临沂等机关事务管理局还梳理了专项制度和政策措施,汇编成册,使各项工作有章可循、有据可依。

(2) 已出台的机关事务管理法规得到稳步落实。通过以制度规范工作，以标准化管理模式开展工作，各地在机关事务法治化方面也取得了较大成绩。如重庆市机关事务管理局就公务接待、办公用房、公务用车、食堂管理等各部门普遍关心的16个问题，明确了具体标准及禁止性规定，并印发全市党政机关，逐一落实，严格执行，提高了管理效率，形成了机关事务管理有规可循、服务保障有标可依的工作新格局。安徽省严格执行《关于进一步规范和加强省级行政事业单位资产管理工作的意见》《安徽省省级行政事业单位通用办公设备家具配置标准（试行）》等，各级机关事务管理部门的资产管理效能也有大幅提升。

（九）加强自身建设

各地围绕《规划》的目标任务，牢固树立"四个意识"，将学习传达落实中央有关政策、文件的精神作为重要议题，加强系统建设、队伍建设和理论文化建设，着力完善内部治理机制，提升治理能力。具体措施包括：

(1) 党风廉政建设进一步加强。根据中央部署，各地深入开展党的群众路线教育实践活动、"三严三实"专题教育活动、"两学一做"学习教育活动，以及机关作风整顿和解放思想大讨论活动，取得了积极成效。如辽宁省机关事务管理局多次组织参观反腐倡廉基地，开展警示教育，通过开展廉政风险点排查工作，排查单位和个人风险点，提出整改措施，防患于未然。

(2) 管理保障能力不断增强。各地机关事务管理部门注重"修炼内功"，在管理科学化、保障法治化、服务社会化等方面下功夫，努力推动机关事务管理工作上台阶、提水平，不断增强管理保障能力。如广东省定期举办"广东省机关事务大讲堂"，成立机关事务管理工作研究学习小组，有效促进各项工作高质量地开展。

(3) 机构改革和职能建设卓有成效。目前，各省、自治区、直辖市机关事务管理部门的职能配置差别较大,但总体上都在不断加强,有的职能配置已经较为全面,在实践中探索出不少有益经验。在省级层面,机关事务管理部门普遍承担了办公用房管理、公车管理、公务接待、会务服务、食堂管理等工作,机构职能得到初步明确,解决了"管什么"的问题。

(4)严格按规程通过公开招聘、接收军转、干部选调等途径扩充干部队伍,优化干部结构。同时,注重选调干部到党校、行政学院接受系统培训,或拓展"专家请进来、干部送出去"培训形式,提高干部职工能力素质。在选拔领导干部时,普遍注重选拔公认度高、实绩突出、事业心和责任心较强的干部,对反映较差或作风漂浮、能力平庸的干部不予考虑。

三、存在的主要问题

在贯彻和落实《规划》的过程中,尽管各地已经做了很多工作,取得了一定成绩,但也存在一些不足。主要问题包括:

(1)机构职能还不健全。机构职能不统一,职能缺失,机构本身尚未完备,一些县市至今仍未设立机关事务管理部门。在经费管理、资产管理等方面,各地职能管理很不一样,与财政、发改委等部门在某些管理领域的权责关系尚未完全理顺。

(2)理论研究薄弱。由于缺乏顶层设计和法律、法规支撑,加上受到传统观念的束缚,各地对机关事务管理工作的认识还不同,有的地方仍停留在"后勤服务"层面,相关工作也缺乏理论支撑,在机关事务管理的基础理论、前沿课题、重大课题研究方面十分薄弱。加强机关事务管理理论文化建设,提炼具有新时代特色的机关事务管理核心价值理念,是当前机关事务发展过程中亟需解决的重要问题。

(3)某些制度规范有待进一步完善。受重服务、轻管理的思维影响,部分地方的工作重心长期主要放在为机关单位提供服务,使得机关事务管理制度规范体系建设滞后，法治化、标准化、职能化进程推进缓慢。例如，个别地方机关事务管理、保障、服务标准规范尚未完全建立，同一工作、同一事项在各部门实施过程中标准差别较大，主观性、随意性管理方式仍然存在。

（4）标准化建设需要进一步加强。《规划》实施以来，各地先后制定、发布了与机关事务管理相关的一系列标准和规范性文件，但对照《规划》的要求和机关服务保障多元化需求，一些标准和制度规范仍存在不足。例如，机关后勤服务保障项目仅按照类别进行了大致分类，精细化程度不够，缺乏相应的项目细化标准，整体上未形成科学、系统的项目标准体系，需进一步完善。

四、有关意见和建议

为深入推进新时代机关事务管理现代化，深化体制、机制改革，提升保障和管理效能，做好《规划》的贯彻实施工作，如期实现《规划》确定的各项目标任务，现提出以下意见和建议：

（1）加强机关事务立法，进一步推动职能法定化。应加快制定一部全面规范机关运行保障的基础性法律，同时修订《机关事务管理条例》等行政法规，进一步明确机关事务管理部门的职能，尤其是在资产和经费管理方面，加强事权划分的顶层设计，厘清与相关部门的职责边界。

（2）推进机关事务的集中统一管理。按照党和国家机构改革的总体部署，坚持"一类事项原则上由一个部门统筹、一件事情原则上由一个部门负责"和"县级以上人民政府应当推进本级政府机关事务的统一管理"的要求，推动省（直辖市、自治区）、市、县机关事务和公务接待部门合并或合署办公，整合优化机关事务管理资源，提高资产配置使用效益，降低机关运行成本。

（3）加强机关事务管理系统的行业指导。机关事务管理系统一直存在行业特性缺乏、专业特色不浓的问题，从上到下的行业指导关系尚未建立完善，理论研究推进力度不够，第三方智库支撑缺位，制约了机关事务管理系统的科学发展。为此，国管局应加强对地方机关事务管理部门的业务指导和培训，扩大培训覆盖面，既培训领导干部，也培训具体工作人员。